NO ESPORTE
E NA **DEFESA**

ANDRADE ACOMBAT

NO ESPORTE E NA DEFESA

AUMENTE SUA PERFORMANCE COM A
METODOLOGIA DE TREINAMENTO ACOMBAT

Rocco

Copyright texto © 2024 by Cláudio Barbosa Andrade

Organização: Nathalia Alvitos
Fotos capa e miolo: Luiz Vicunha
Design de capa: Raul Corrêa

Direitos desta edição reservados à
EDITORA ROCCO LTDA.
Rua Evaristo da Veiga, 65 – 11º andar
Passeio Corporate – Torre 1
20031-040 – Rio de Janeiro – RJ
Tel.: (21) 3525-2000 – Fax: (21) 3525-2001
rocco@rocco.com.br
www.rocco.com.br

Printed in Brazil/Impresso no Brasil

CIP-BRASIL. CATALOGAÇÃO NA PUBLICAÇÃO
SINDICATO NACIONAL DOS EDITORES DE LIVROS, RJ

A167e

    Acombat, Andrade
        No esporte e na defesa : aumente sua performance com a metodologia de treinamento ACOMBAT / Andrade Acombat ; [organização Nathalia Alvitos]. - 1. ed. - Rio de Janeiro : Rocco, 2024.

        ISBN 978-65-5532-413-6

        1. Esporte. 2. Defesa pessoal - Treinamento. 3. Lazer. I. Alvitos, Nathalia. II. Título.

24-88082   CDD: 796.8
                                 CDU: 796.8

Gabriela Faray Ferreira Lopes - Bibliotecária - CRB-7/6643

AUTOR

Cláudio Barbosa Andrade é policial do estado do Rio de Janeiro desde 1999, com formação em todas as instituições policias do estado: Polícia Militar, Polícia Penal e Polícia Civil, tendo ainda servido ao Corpo de Fuzileiros Navais da Marinha do Brasil, onde iniciou sua carreira institucional em 1993. É formado em Direito pela faculdade UniverCidade e pós-graduado em Direito Penal e Processual Penal pela Cândido Mendes.

Atuou no patrulhamento ordinário da cidade e foi fundador de um dos maiores e mais conceituados Grupamentos de Intervenções Táticas do país, o GIT RJ. Nessa unidade renomada, Andrade teve a oportunidade de atuar nas equipes táticas, no núcleo de instrução e treinamento, e se tornou Chefe de Intervenção Tática e Chefe do Grupamento de Intervenções Táticas. Encerrado o ciclo no GIT RJ, se tornou membro das equipes operacionais da Coordenaria de Recursos Especiais, a CORE-RJ.

No campo da instrução especializada, exerceu a função de IAT (Instrutor de Armamento e Tiro) do CIESP, Centro de Instrução Especializada, sendo um dos primeiros daquele renomado centro de instrução, atuando ainda nas disciplinas de táticas operacionais. Na área de formação da Polícia Penal da SEAP-RJ, Andrade criou os cursos de Rapel (técnicas verticais em corda) e o COPAR (Curso de Operações Penitenciárias de Alto Risco), onde figurou como coordenador e instrutor das primeiras edições.

Ainda na área de formação especializada, atuou como instrutor convidado para participar da formação de policiais federais, civis, penais e militares de diversas instituições do Brasil que buscam treinamentos de táticas operacionais e tiro.

Em sua formação operacional, realizou diversos cursos, entre eles o COESPEN (Curso de Operações Especiais Penitenciárias – GIT) da Polícia Penal, o CAT (Curso de Ações Táticas) da Polícia Civil do Rio de Janeiro, o COTE (Curso de Operações Táticas Especiais) da CORE/PCERJ, o COA (Curso de Operações Aéreas) da CORE/PCERJ, o SWAT (Curso de Operador SWAT) do Departamento de Polícia de Miami e o Curso de Socorrista Operacional do BOPE/PMERJ.

Com larga experiência operacional e incalculáveis horas de operações policiais realizando escoltas de alto risco, retomadas de unidades prisionais rebeladas, resgate de reféns e operações policiais de alto risco de natureza especial, nas zonas conflagradas das comunidades, Andrade soma hoje 25 anos de serviço prestado ao estado do Rio de Janeiro, mais 3 anos como Fuzileiro Naval, totalizando 28 anos de muito trabalho dedicado à vida operacional.

Em 2023, recebeu a **Medalha Tiradentes**, a mais alta condecoração concedida pelo Estado do Rio de Janeiro, destinada a pessoas e entidades que prestaram relevantes serviços à causa pública no âmbito fluminense. Em janeiro de 2024, foi condecorado com a **Medalha do Mérito Polícia Civil** em reconhecimento ao elevado mérito e notáveis e repetidos feitos prestados à sociedade brasileira em benefício da causa da segurança pública.

Anos a fio dedicados ao trinômio "treinar, operar e instruir", base das unidades de operações especiais de todo o mundo, levou ao acúmulo de conhecimentos técnicos e táticos para que fosse criada uma das maiores empresas de treinamento de tiro e táticas operacionais com relevância no cenário nacional e internacional, a ACOMBAT.

Como idealizador e instrutor líder, Andrade desenvolveu uma metodologia de ensino própria com base não só nas experiências adquiridas como operador especial, mas também como instrutor de cursos operacionais policiais e como instrutor de tiro e táticas operacionais no mundo privado.

SUMÁRIO

	Prefácio	15
1.	O ser que se repete	25
2.	Fases do luto e a síndrome da luta e da fuga	35
3.	Principais leis que ajudarão na sua performance	47
4.	Prática deliberada	55
5.	Ciclos, códigos e protocolos	63
6.	Equipamentos	91
7.	Fundamentos modernos de tiro	103
8.	A arma e suas manipulações	137
9.	Exercício de ouro	151
10.	Habilidades correlatas	153
11.	Desenvolvendo suas habilidades	155
12.	Conclusão	171

DEDICATÓRIA

Dedico esta obra ÀQUELE que é o Senhor dos Exércitos e a QUEM não só permitiu que este sonho se tornasse realidade, mas também concedeu a mim o dom de ENSINAR. A ELE toda HONRA e toda GLÓRIA! E o nome DELE é JESUS CRISTO!

DEUS e família são valores dos quais não abro mão em minha vida. Dedico este livro à minha avó materna, a quem devo muito do homem que sou hoje; à minha mãe Jurema, por ter me ensinado sobre os valores morais de um homem de caráter e também por ter lutado e me apoiado em uma das piores adversidades que enfrentei na vida; ao meu padrasto Josemar, por fazer parte da minha trajetória desde os meus dois anos; ao meu tio Edmar, que sempre esteve ao meu lado servindo de exemplo de caráter e espírito de liderança; à minha tia Miriam, que igualmente esteve ao meu lado em todos os momentos valorizando e reconhecendo todo meu esforço profissional; e aos meus primos Priscila, Fábio e Eduardo, que são para mim como irmãos verdadeiros.

Dedico também à minha esposa Patricia, por estar comigo há anos, desde os momentos mais difíceis, me aturando, apoiando e, além disso tudo, se privando, muitas vezes, de suas vontades para que o sonho da ACOMBAT se tornasse realidade; aos meus príncipes e razão do meu viver, Davi e Miguel, desculpando-me por todas as ausências e tempo de qualidade que deixei de ter com vocês para poder batalhar para que chegássemos a dias como o de hoje.

"Se o seu dom é servir, sirva; se é ensinar, ensine; se é dar ânimo, que assim faça; se é contribuir, que contribua generosamente; se é exercer liderança, que a exerça com zelo; se é mostrar misericórdia, que o faça com alegria." Romanos 12:7-8

AGRADECIMENTOS

Reservo este espaço para agradecer a todos os amigos e amigas que estiveram ao meu lado durante a minha longa jornada.

A todos os amigos da SEAP-RJ, à época DESIPE-RJ, especificamente aos integrantes do antigo SOE que sempre estiveram ao meu lado, acreditando e apoiando a minha carreira. A vocês, a promessa de jamais envergonhá-los estará de pé até a minha morte. Agradeço ainda à enfermeira do DESIPE-RJ, Neuci, que esteve ao meu lado a todo instante e ficou conhecida como minha mãe. Uma grande guerreira do sistema prisional fluminense. A SEAP, através do SOE e do GIT, foi o lugar onde tive a oportunidade de crescer profissionalmente e serei eternamente grato a esta casa e seus servidores. Minha eterna gratidão!

Não poderia deixar de mencionar os meus irmãos Julio Cesar "Caverinha" e Rodrigo "Almeida", em especial, pela amizade e dedicação, não só durante o tempo em que estivemos à frente do GIT, mas também na construção do que a ACOMBAT é hoje.

Agradeço também ao Leandro dos Santos, mais conhecido como Pirata, do canal Polícia Brasileira, pelo período em que esteve apoiando o crescimento da ACOMBAT.

Aos delegados da PCERJ, Rodrigo Oliveira, Fabricio Oliveira e o chefe Vieira, agradeço por todo esforço e empenho para que meu sonho viesse a se tornar realidade, compondo assim o quadro da CORE-RJ.

Aos integrantes da Coordenadoria de Recursos Especiais (CORE-RJ), meus sinceros agradecimentos por me aceitarem de coração aberto como um filho que chega a uma grande família.

Agradeço ao SOTE por todas as experiências vividas e os aprendizados adquiridos ao longo de muitas horas de operações em combate ao narcotráfico em uma das cidades mais violentas do mundo. Policiais valorosos que dedicam suas vidas por uma sociedade mais justa e equilibrada.

Ressalto aqui a família SOTE 3, equipe da qual faço parte até hoje. Para eles, registro um respeitoso agradecimento e reconhecimento por todos os feitos dessa implacável equipe de operações táticas especiais. Vocês me inspiram a ser o policial e operador que sou hoje. Combatentes urbanos da vida real, verdadeiros heróis que servem como meu norte e referência. Gostaria de mencionar com destaque o Bruno "Xingu", a quem tive a honra de ombrear até o ultimo dia de sua vida. Um grande companheiro de equipe, sempre pronto a combater, um grande amigo disposto a ajudar a hora que fosse, um grande pai que sempre estava em busca do melhor para o seu filho. Não tenho mais palavras para falar de você, meu grande IRMÃO. Aqui a emoção toma conta e me fogem as palavras.

SÓ ME RESTA DIZER: FALCÃO SEMPRE! IMPLACÁVEIS SEMPRE!

Não poderia deixar de agradecer ao meu grande amigo e companheiro Mestre Erick por todo apoio, carinho e amizade, e por estar ao meu lado na maioria dos eventos da ACOMBAT. Obrigado, meu irmão! Com toda certeza você faz parte da minha história e sucesso.

Ao meu grande amigo Kill e Pam "ADSUMUS", obrigado por estarem sempre ao nosso lado, nos apoiando em todos os sentidos. Família!

Ao meu pai espiritual, Pastor Francisco, "Chileno", Bola de Neve Zona Norte, e à mãezona Pastora Daniela, meus agradecimentos por não só cuidarem de mim, mas também de toda minha família. Obrigado por vocês existirem em nossas vidas. Estendo esse agradecimento aos demais membros da igreja.

Para finalizar, registro meus agradecimentos à minha sogra Conceição, por todo amor, carinho e dedicação aos meus filhos, em especial ao Miguel, a quem dedica um cuidado fora do comum.

AGRADECIMENTOS

Alguém pode dizer que minha lista de agradecimentos ficou extensa, porém há muito mais pessoas que deveriam estar nomeadas nesta lista. No entanto, se o fizesse, seria um livro só como os nomes dos que me ajudaram em algum momento de minha vida.

Sou o que sou não porque fiz algo, mas em razão das pessoas que me cercam. Por isso, merecem todo meu carinho e respeito. Sem elas, eu não teria feito nada em minha carreira. Se você fez parte disso tudo em algum momento, quero que saiba que também sou muito grato a você!

A metodologia aqui apresentada foi desenvolvida por mim após anos de prática de tiro esportivo e policial, aprimorada através dos cursos da ACOMBAT. Sublinho a relevância do módulo "Pistola de Combate", que além de formar diversos atiradores, transformou a forma de pensar e conduzir instruções de tiro de diversos instrutores no Brasil e no mundo.

PREFÁCIO

Recebi, com muita honra, o convite do meu irmão Andrade para prefaciar seu livro, *No esporte e na defesa: aumente sua performance com a metodologia de treinamento ACOMBAT*, obra em que compartilha com o leitor os métodos de treinamento que utilizou ao longo dos anos, fundamentados em seus estudos sobre mentalidade, técnicas de tiro e táticas operacionais e, acima de tudo, baseados em suas experiências reais de combate.

Mesmo com minha formação militar na Marinha do Brasil, como Elemento de Operações Especiais do Grupamento de Mergulhadores de Combate (GRUMEC), paraquedista, atirador de precisão (sniper) e já tendo participado de diversas ações no Brasil e no exterior, esta é uma das missões mais complexas que recebi.

É difícil escrever algo sem me ater a elogios ao meu parceiro de batalhas, um dos melhores operadores de Operações Especiais que conheço! O certo é que eu depositaria a defesa de minha vida em suas mãos, como fiz diversas vezes, por considerá-lo um dos mais preparados profissionais do mundo.

É um verdadeiro guerreiro guiado por Deus e norteado por princípios de honra e lealdade, marcado pelo seu companheirismo e humildade extrema.

A paixão pelas atividades operacionais, a busca frequente pela excelência e funcionalidade das técnicas absorvidas e ensinadas, somadas ao "pior cenário de conflito urbano do mundo", nas suas incursões operacionais de alto risco enfrentando verdadeiras guerras nas comunidades fluminenses, forjaram um dos mais preparados profissionais da atualidade.

De igual forma, ele sempre manifestou grande habilidade com as funções de instrutor, dedicando-se a compreender, testar e ajustar as técnicas aprendidas à realidade brasileira.

Cláudio Barbosa Andrade é um dos instrutores de táticas de defesa armada mais respeitados da atualidade. Com mais de 20 anos de experiência, ele treinou policiais, militares e civis de todo o mundo.

O "Falcão 52 da CORE-RJ", unidade de elite da Polícia Civil do estado do Rio de Janeiro, é muito mais do que se disse até aqui. Muito mais do que se observa em seu currículo e muito mais do que se pode aprender com suas instruções repassadas de forma majestosa.

Sua obra *No esporte e na defesa* é realmente um marco, tanto para quem busca informações sobre o assunto por mero interesse, como para profissionais experientes que não podem deixar de ler este guia fidedigno e abrangente sobre tudo o que você precisa saber para estar pronto para o combate. Ele é técnico, informativo e escrito em um estilo claro e conciso. Se você está preocupado com sua segurança e dos seus, recomendo fortemente este livro.

Andrade começa o livro discutindo a importância da preparação mental. Ele enfatiza que a inteligência emocional é tão importante quanto a preparação física e técnica para sobreviver a um combate. Discute os diferentes tipos de cenários e como identificá-los.

Ele aborda tudo, desde como se defender contra um ataque corpo a corpo, até o uso efetivo da arma para defesa. Também descreve as diferentes leis que regem o uso da força e sua conduta para exercer o seu direito à legítima defesa.

Andrade é exemplo de pai, de amigo e uma pessoa com uma fé inabalável na nobre missão de proteger o próximo. Seu livro é uma contribuição

PREFÁCIO

fundamental que irá despertar interesse e paixão pelo tema. Mas, acima de tudo, fornece ferramentas e condições para combater o bom combate.

Sigamos atirando com força! *Fortuna Audaces Sequitur*. Boa leitura.

Deputado Capitão Martim
Operações Especiais — GRUMEC 235

"Quando a arma que mata defende a vida e a liberdade, os anjos choram, mas não acusam." — Autor desconhecido

Em 2001, após aceitar o convite do Cel. Venância Moura, ingressei na sede do BOPE-RJ para participar do curso de Patrulhamento em Áreas de Risco. Nesta sede me deparei, em sua primeira parede, com a impactante frase citada acima. Desde então, lá se vão mais de duas décadas atuando como Juiz Presidente de Tribunais do Júri nesta ex--Cidade Maravilhosa e julgando inúmeras tragédias envolvendo agentes das forças de segurança pública, ora como autores, ora como vítimas.

Na maioria dos casos, vi com meus olhos, briosos combatentes sendo engolidos enquanto lutavam pelo bem de uma sociedade que raramente entendia suas reais e elevadas intenções, em muito por obra das investidas ideológicas de integrantes da mídia e de operadores do Direito.

Inúmeras destas tragédias teriam sido evitadas se o Estado não tratasse seus pacificadores sociais como "meros RGs", negando-lhes, na maioria das vezes, adestramentos técnicos e intelectuais. Uma deplorável constatação que começa a ceder diante de uma nova academia proativa e heroica voltada especificamente para o operador tático. Nesta, já desponta como grande personagem Cláudio Barbosa Andrade ou, como todos conhecemos "Andrade ACOMBAT". Quem não se quedou diante deste grande mestre moderno do combate urbano, de fato não está preparado para voltar para casa, nossa única e grande missão.

Portanto, se você quer ir "avante no reino" e acredita piamente que cultura, treinamento e preparo fazem a diferença, a leitura desta obra é de essencial valia, até porque "a melhor tática é aquela que traz você vivo de volta para casa!"; logo, se como eu, você quer voltar para sua família, leia, estude, repita incessantemente os exercícios e protocolos, sempre buscando o necessário aprimoramento, pois ovelhas e pastores armados e treinados deixarão sempre os lobos com fome.

Sigamos firmes e dispostos!

Alexandre Abrahão Dias Teixeira
Juiz de Direito do Tribunal de Justiça do estado do Rio de Janeiro

Durante a jornada desafiadora do sétimo Curso de Operações Táticas Especiais (COTE) da CORE em 2013, o destino cruzou meu caminho com o do Andrade. Eu era o aluno 27, imerso em aspirações e nos enormes obstáculos de me tornar um falcão, enquanto ele, como integrante da equipe de instrutores, se destacava por seu compromisso e proximidade com os alunos.

Durante as extenuantes etapas do COTE, onde muitos alunos promissores desistiam e ficavam pelo caminho, Andrade se tornou mais que um incentivador, transformou-se em um amigo. Suas palavras ecoavam nos momentos de exaustão, principalmente durante as longas corridas: "Vamos, 27, vamos!"

Posteriormente, já como delegado de polícia na Coordenadoria de Recursos Especiais, encontrei em Andrade um reforço valioso para nossas equipes de plantão, embora sua origem na Secretaria de Estado de Administração Penitenciária o tornasse um estranho na elite da Polícia Civil do Rio de Janeiro.

Se não é tarefa fácil para um policial civil conquistar o seu espaço e integrar a CORE, imagine para um forasteiro.

A sua trajetória foi marcada pela conquista gradual de um espaço, onde se destacou não só por sua humildade e profissionalismo, mas pela dedicação incansável e coragem nas operações diárias. Rapidamente, tornou-se um cara de confiança, alguém com quem se podia contar nos momentos mais difíceis.

Vencedor no âmbito profissional, Andrade é um guerreiro nos treinamentos e nas operações, um defensor incansável da população. Sua postura altruísta se revela na incessante busca por aprimorar o conhecimento compartilhado com os colegas de segurança pública. É, sem dúvida, alguém que se destaca.

Nesta última década, trabalhamos juntos em inúmeras operações de repercussão, em ações do cotidiano, em momentos de muito sucesso e também em dias difíceis. Tenho a certeza de que o Andrade é um cara que merece todo o reconhecimento que tem alcançado em nosso país, não apenas por suas habilidades e qualidade como profissional, mas principalmente por sua simplicidade, humildade e dedicação!

Fabrício Oliveira
Delegado de Polícia Civil do estado do Rio de Janeiro — Falcão 102

Cláudio Barbosa Andrade, o Combate, é instrutor chefe e criador da ACOMBAT — *Tactical Firearms Training* —, uma empresa brasileira dedicada ao treinamento sério de operadores de segurança pública e usuários de armas de fogo, com foco na máxima eficiência.

Sua experiência tática teve início em 1993, quando integrou o Corpo de Fuzileiros Navais da Marinha Brasileira. De lá, seguiu para a Polícia Militar do estado do Rio de Janeiro e, posteriormente, para os quadros de Inspetor de Segurança e Administração Penitenciária do antigo DESIPE (Departamento do Sistema Penitenciário do Rio de Janeiro), integrando o SOE (Serviço de Operações Externas).

Nesta função, em 2004, foi um dos fundadores do GIT — Grupamento de Intervenção Tática da SEAP-RJ.

Assim, desde o início de sua carreira, demonstrou paixão pela área operacional, tendo se destacado na conclusão de vários cursos institucionais nesta área, dentre eles o COA — Curso de Operações Aéreas da CORE-RJ; COTE — Curso de Operações Táticas Especiais da CORE-RJ; CAT — Curso de Ações Táticas da PCERJ; entre tantos outros. De igual forma, sempre demonstrou grande habilidade com as funções de instrutor, dedicando-se a compreender, testar e ajustar as técnicas aprendidas à realidade brasileira.

A junção destes três fatores — paixão pelas atividades operacionais, busca frequente pela excelência e funcionalidade das técnicas absorvidas e ensinadas, o pior senário de conflito urbano do mundo —, acabaram por criar um dos melhores instrutores da atualidade na área.

Essa assertiva é facilmente comprovada por todos aqueles que se debruçam sobre o tema, treinam, conversam e convivem com Andrade.

Mas o "Falcão 52 da CORE-RJ" é muito mais do que tudo o que disse até aqui, mais do que se observa de seu currículo e do que se pode aprender com suas majestosas instruções.

Andrade é exemplo de pai, de humildade, dedicação, coragem, perseverança, honra, lealdade e fé.

Sigamos atirando com força!

Avante no reino!

Luiz Facheti
Juiz de Direito do estado do Espírito Santo

1
O SER QUE SE REPETE

Neste capítulo, vamos falar sobre um assunto que considero a virada de chave em qualquer mudança comportamental. Após aprofundar meus estudos através dos livros *O poder do hábito*, de Charles Duhhig, e *Hábitos atômicos*, de James Clear, pude perceber o quão importante é entender como você funciona no dia a dia. Só por meio desse conhecimento conseguimos alterar a nossa rotina inserindo novas atividades, que consumirão horas preciosas do tempo com treinamentos — físicos e mentais — pesados. Sugiro que estudem esses dois autores.

Já parou para pensar que o resultado de tudo que ocorre em sua vida é, na verdade, aquilo que você tem como hábito? O dicionário define o hábito da seguinte forma:

Hábito
Substantivo masculino
1.
Maneira usual de ser, fazer, sentir; costume, regra, modo.
2.
Maneira permanente ou frequente de comportar-se; mania.

Bem, acho que para um bom entendedor um pingo é letra, como já diziam os antigos, mas vamos contextualizar. Aquele sujeito que faz uso de bebidas alcoólicas, cigarros de qualquer natureza, que se alimenta de maneira desregrada e, para piorar, não pratica atividades físicas regulares, com toda certeza terá como resultado uma morte precoce. Outro exemplo é aquele camarada que deseja passar em um concurso público, mas quer manter o hábito de sair com os amigos nos fins de semana, jogar aquele futebol às quintas-feiras, curtir o carnaval e o Ano-Novo. Qual será o resultado? Reprovado! Outro exemplo para fechar: quer ser o melhor atirador, ganhar campeonatos, estar melhor condicionado para poder defender a minha vida e/ou de meus familiares, mas não tem uma rotina de treinamento. Não pratica exercícios em seco. Não investe em equipamentos condizentes com o **resultado** que deseja. Não procura realizar treinamentos e cursos constantemente. Reclama que tudo é caro no mundo do tiro, mas gasta em bebidas nas baladas. E aí? Essa resposta deixo para vocês.

A verdade dói, mas é libertadora para aqueles que realmente querem mudar.

VOCÊ É O RESULTADO TARDIO DAQUILO QUE FAZ REPETIDAS VEZES.

O grande problema é que os resultados bons demoram a ser percebidos, e por essa razão achamos que não estamos evoluindo. Custamos a entender que o processo é lento e que é um somatório de pequenas atitudes ao longo da caminhada. Isso cria um sentimento de frustração, por acreditar que o nosso crescimento será linear. Só que não acontece dessa forma, a sua evolução será lenta e constante. O autor James Clear chama a atenção para o que ele denomina como **Platô de Potencial Latente**, que nada mais é do que o rompimento da barreira. O exato momento em que sua chave vira, como, por exemplo, o momento em que o gelo começa a se transformar em água. Esse fenômeno físico não ocorre de uma hora para a outra. É necessário que a temperatura chegue a exatamente 32°C. Assim é o concurseiro que estuda há bastante tempo e não passa na prova — a questão é que ele ainda não atingiu a temperatura ideal. E vai ser da mesma maneira em qualquer coisa que você fizer na vida. No esporte, na defesa, na sua profissão e em tudo mais que realmente deseje se destacar. Logo, enquanto não chega o momento ideal, evite ficar desiludido com os resultados e continue firme no seu propósito.

Quando falamos sobre a identidade do indivíduo, nos referimos ao molde criado pelos seus hábitos, porque todos o reconhecerão por esses comportamentos. No momento em que abordamos a sua identidade, estamos nos referindo a uma mudança naquilo em que ele acredita, nas crenças dele. Os processos que criamos para atingir um objetivo é justamente o que nos faz alcançá-lo. Não é fácil, mas é simples. Primeiro você vai decidir o tipo de pessoa que você quer ser. Por exemplo, quer ser um campeão ou campeã de tiro prático? Legal! O próximo passo é descobrir o que torna uma pessoa campeã de tiro prático. Quais são os hábitos que ela possui? Qual é a sua rotina? Quais foram os processos adotados? A partir do momento em que você começar a desenvolver diariamente tais comportamentos, estará automaticamente forjando sua nova identidade. Consequentemente, essa será a forma como as pessoas passarão a enxergar você.

Lembrando que cada vez que esses comportamentos novos derem uma prova de que estão funcionando, sua crença aumentará e você vai, aos poucos, se tornando uma pessoa mais motivada e com a autoestima elevada. Para fechar essa linha de raciocínio, deixo uma provocação/dica: quando passar a treinar todos os dias, você vai incorporar a identidade de um atleta.

QUAL TIPO DE PESSOA POSSUI OS RESULTADOS QUE DESEJO?

Entrando em um aspecto mais técnico, fala-se muito em atingir a automatização dos movimentos, que nada mais é do que realizar as tarefas em nível inconsciente, ou seja, sem pensar. Só que para que isso aconteça, precisamos entender que temos que passar por algumas fases.

A primeira delas é a fase incompetente, que retrata aquela pessoa que está tendo seu primeiro contato com a técnica. Obviamente recebe esse título por ainda não saber executar nenhuma atividade relacionada àquele conteúdo.

Em uma sequência lógica, a próxima etapa é o aprendiz, competente consciente, que pensa para executar o passo a passo da técnica apresentada. Uma de suas principais características é olhar para o que está fazendo, isto é, ações predominantemente oculomanuais. Para que o aprendiz avance para a próxima etapa terá que treinar à exaustão todos os movimentos que deseja automatizar. Vale lembrar que todos os movimentos devem ser corrigidos para que não ocorra erros no condicionamento, ou, ainda o pior, que ocorra no momento errado.

Temos diversas correntes que nos norteiam quanto ao tempo para a criação de um novo hábito. Segundo o autor e psicólogo Jeremy Dean, em seu livro *Making Habits*, cita que leva aproximadamente 66 dias para que um novo hábito seja criado. E mais, que tudo depende de pessoa para pessoa, e a complexidade do hábito que deseja automatizar. Outra ideia é a regra 21/90, que diz que para se adquirir um novo hábito são necessários 21 dias repetindo a rotina, e de 90 dias para que o novo hábito se torne um estilo de vida. Já o livro *Outliers: fora de série*, do autor Malcolm Gladwell, ressalta que para que você se torne um expert (daí o nome fora de série) terá que repetir aproximadamente 10.000 horas. Adoro esse livro e me identifiquei muito com os exemplos trazidos por ele.

Sendo assim, mesmo que inicialmente pareça frustrante diante do tempo e do quanto terá que trabalhar, saiba que esta frustração não pode ser comparada ao valor do seu sonho, seja o seu objetivo o esporte ou sair vivo de um confronto. Outra forma de deixar você mais motivado é que, se entendeu um pouco sobre a lei de Lamarck, percebeu que para se manter ativo, não poderá parar de treinar e praticar nunca mais. Pelo menos enquanto estiver na luta.

— Andrade, me diz qual a grande vantagem de automatizar determinada técnica?

A resposta é bem simples: a automatização favorecerá a realização de um comportamento esperado diante de determinada situação. Só que para acontecer a automatização, o exercício deverá ser repetido exaustivamente através de ensaios contendo erros e acertos. Uma vez condicionada a resposta desejada, e estando ela automatizada, você ganha uma redução da carga cognitiva na execução da tarefa, conquistando assim autonomia mental para a execução de outras atividades.

Vou te dar um exemplo bem comum de quem dirige. Quando começou a dirigir, você tinha um gasto energético absurdo, além de olhar para os pedais e câmbios. Não percebia o sinal mudar de cor, os buracos e as faixas, o trânsito era um caos! Mesmo assim, se você mora numa cidade com tráfego de veículos pesados, e se propõe a passar pelo menos uma hora do seu dia no trânsito, em apenas dois meses, aproximadamente, estará com seus movimentos automatizados. Agora, com os movimentos gravados, dirige escrevendo no WhatsApp (pelo amor de Deus, não faça isso!), mudando estações de rádio e, ainda assim, consegue perceber tudo que ocorre à sua volta. Podemos dizer então que a fase na qual você se encontra é a de um motorista competente inconsciente.

Quando queremos mudar nossos hábitos em busca de comportamentos novos, é inevitável que esbarremos em tarefas que serão mais difíceis de serem assimiladas, e outras que, por mais simples que sejam, não teremos o mínimo prazer em executá-las. A questão é que quanto mais eu sugestionar que "não sou bom, não gosto de fazer, sou tão burro, não consigo fazer, sou horrível e estou sempre atrasado", mais eu irei por um caminho maldito. Acredite, você vai sentir uma pressão interna para manter a imagem que está tentando transparecer externamente o tempo todo, e para que se comporte conforme a sua crença. Bons e novos hábitos não podem entrar em conflito com sua identidade. Caso seja necessário, se desapegue de sua antiga identidade e passe a se comportar e fazer escolhas de acordo com aquilo que deseja se tornar.

O seu crescimento pessoal, profissional e técnico acontecerá em conjunto e de forma gradativa. O processo é lento e ocorrerá de vitória em vitória. Lamento dizer a você que a guerra é vencida através de pequenas vitórias em batalhas e terrenos distintos. A cada novo hábito, você ganhará um novo resultado, gerando assim, um sentimento de autoconfiança, fazendo você acreditar cada vez mais na sua nova identidade. É incrível poder forjá-la através de um processo planejado. Para James Clear, os hábitos são formados em quatro etapas distintas. São elas:

- **Estímulo**: fase em que o cérebro é acionado. Aqui é a primeira etapa do comportamento, impulsionado pela previsão de uma recompensa;
- **Desejo**: é a força motivadora. O querer propriamente dito, onde os níveis de motivação serão de acordo com suas crenças, e com isso ocorre a mudança do estado emocional;
- **Resposta**: é o hábito praticado. Pode ser um pensamento ou uma ação, dependendo da motivação e da capacidade;
- **Recompensa**: objetivo final de todo hábito.

De forma simples e resumida, o estímulo significa perceber a recompensa, o desejo de querê-la, e a resposta é o troféu nas mãos. Buscamos recompensas diariamente porque nos satisfazem e geram prazer. O benefício é imediato. Aí está o desafio, porque, como já disse, somos a mensuração tardia de nossos hábitos. E quando o assunto é treinamento, os benefícios não são imediatos. Por essa razão, resolvi inserir este capítulo no livro, para que você entenda a dinâmica e não desista no meio do processo. Para saber como estimular sua máquina e não aceitar autossabotagens.

Entendendo isso, você já tem como evitar antigos comportamentos e abrir uma janela para inserir o que deseja. Se eliminar os estímulos, o hábito indesejado não começará. Reduzindo o desejo, não terá a motivação para agir. Dificultando o comportamento, não conseguirá colocá-lo em prática. Se a recompensa não for capaz de satisfazer seu desejo, não terá motivos para continuar a fazer no futuro. Sem os três primeiros estágios, o comportamento não acontece, e sem os quatro, não será repetido.

— Combate, entendi como consigo impedir. Mas como faço para inserir o novo? Desenha aí!

Você terá que fazer uma reflexão e se descobrir. Mudar o seu ambiente também é fundamental. Crie os estímulos e deixe-os claros por toda parte. Torne aquilo que deseja conquistar atraente, faça com que os pontos positivos pareçam ser melhores ainda. A execução da tarefa deve ser fácil, estar praticamente pronta para ser executada. Acabei de falar a resposta. É o seu treino sendo praticado. Não adianta ter seus carregadores de treino escondidos dentro de uma mala em cima do guarda-roupa. Qual é a chance de você buscá-los para treinar? Vai bater a preguiça! Facilite as coisas! Ao final de cada tarefa, você deve se encarregar de torná-la satisfatória. Fazer valer a recompensa.

Percebeu que você precisa se descobrir para o sistema dar certo? Explore e você será capaz de realizar qualquer coisa em sua vida. Deixa eu te ajudar a se planejar. Avalie seus hábitos atuais e preste atenção nos estímulos que eles acionam. Fique atento à sua evolução, pois comportamentos automatizados, à medida que se tornam mais eficazes também, por conta da velocidade de sua realização, são suscetíveis a erros de desempenho. Um dos motivos para a queda de performance é o tempo de execução da tarefa. Planeje quando, como e onde deve agir, e determine o que você precisa atingir para iniciar o comportamento desejado. É importante que também aplique um dos mandamentos mais importantes do universo das operações especiais: disciplina consciente. Determine a hora, o dia e o lugar para cumprir seu planejamento, não fure com seu próprio compromisso; ser comprometido com sua causa é uma ótima oportunidade para aprender a dizer **não** aos estímulos negativos. Uma maneira bem interessante de autoajuda é parear o hábito que deseja a um comportamento já existente. Depois do hábito atual, eu irei realizar tal coisa.

O ambiente é fundamental para que seu planejamento tenha sucesso. Se você tem o hábito de jogar videogames, por exemplo, e ele está disponível para entrar em ação a qualquer momento, conectado à sua TV com os controles ao seu alcance, é inevitável perder para aquele jogo que mais gosta de brincar. Aquilo que deseja implementar entrará em uma disputa com seu hábito atual, e, lamento dizer, vai ganhar a disputa. Um hábito codificado em sua mente está pronto para ser usado assim que a situação pertinente surgir e os estímulos do ambiente aparecerem. A certeza da recompensa está estampada na sua cara. Se for preciso, suma com aquele sofá no qual gosta de cochilar, com qualquer coisa no ambiente que vai atrapalhar você de iniciar seu treinamento.

No meu cantinho de treinamento e estudos, tudo que preciso para poder treinar está disponível e ao meu alcance. Assim, não preciso romper barreiras para começar minha rotina de trabalho. Espalhe por toda área estímulos que despertarão em você aquele desejo de praticar. A mudança do ambiente é fundamental, e, caso seja possível, tenha um espaço para cada atividade. Um espaço, um uso. Mantenha as ferramentas de treino fáceis de serem acessadas e divirta-se. Ah, e não esqueça de deixar uma boa recompensa ao final, e caso seu treino comece a deixar de ser divertido e passe a ser uma tortura, é a hora de parar e construir exercícios novos e estimulantes. Caso contrário, será uma questão de tempo para que você desista de continuar. Ser criativo nesse momento é um desafio enorme.

Outro bizu que deixo é fugir de situações tentadoras, aquelas ocasiões que te deixarão em risco de repetir um comportamento indesejado, ou até mesmo algo que te faça pensar muito se vale a pena ir para sua rotina de treinamento. Reforçando um pouco o valor da recompensa em todo o processo de construção do conhecimento, vamos falar sobre uma substância muito importante liberada pelo nosso cérebro: a dopamina. Ela é liberada em nosso organismo durante a prática de atividades físicas, através do ato sexual, meditação e quando se saboreia um alimento apetitoso. Não é à toa que o sistema dopaminérgico está relacionado ao desejo de comer, pois ele atua desencadeando a sensação de prazer ao receber recompensas naturais. Suas principais funções em nosso organismo são:

- Melhora a memória, humor, cognição e a atenção;
- Estimula as sensações de bem-estar e prazer;
- Controla apetite, sono, funções mentais e motoras;
- Combate a ansiedade e a depressão;
- Relaciona-se com a capacidade de superação de desafios (motivação).

Quero deixar claro que o assunto é complexo e requer muito estudo, mas para o nosso objetivo, é suficiente focarmos em saber como podemos nos manter estimulados e como isso ocorre em nosso corpo. Sendo assim, sempre que sua dopamina aumentar, sua motivação aumentará na mesma proporção. É a antecipação de uma recompensa que nos leva a agir, e não a sua efetivação. Estipule e deixe à vista as melhores recompensas que você conseguir e o comportamento desejado ocorrerá.

Outra dica é mudar a forma como você verbalizará a sua chamada para seus treinos. Você pode, por exemplo, dizer: "eu preciso treinar recargas", ou "é hora de baixar meu tempo", ou "é hora de ser mais preciso". Pode parecer uma besteira, mas como já falei aqui, nosso cérebro é um terreno fértil e aceita sugestões facilmente. As conotações das palavras mudam consideravelmente para uma ação positiva e vencedora, afastando a impressão de uma tarefa obrigatória e enfadonha.

Quando estamos em busca da perfeição, é natural que planejemos demais para criar as condições perfeitas para a realização das tarefas, porém essas condições não existem. Faça o melhor que você pode com as ferramentas que tem em mãos. Já devem ter escutado em algum lugar que o melhor é inimigo do bom, então comece suas atividades práticas mesmo que não tenha o resultado esperado naquele momento. Planejar, criar estratégias e o aprendizado fazem parte do processo, só que não trazem resultados. Mover o corpo é o que levará você a algum lugar.

Ação é a chave do sucesso, uma vez que a repetição corrigida é o que aumentará sua performance. Quanto mais você repete o movimento, mais seu cérebro fortalece as conexões entre seus neurônios com base nos padrões recentes de atividades. Considerando que determinadas partes de nosso cérebro são como músculos, se atrofiam e se modificam, os exercícios repetidos são fundamentais na codificação de um novo hábito.

Seguindo essas dicas, você conseguirá automatizar seus movimentos a ponto de executá-los sem pensar. O importante não é o tempo que levará para alcançá-lo, mas a quantidade de vezes que você irá repetir seus treinos, a frequência que você irá conseguir manter. Quantas vezes você repete e durante quantas horas do seu dia? Esse é o pensamento correto.

Outro ponto para podermos fechar o capítulo é entender que o ser humano, por natureza, gosta daquilo que é mais fácil e que despende menos energia. Então, diminua a resistência criando facilidades, pois assim você aumentará as chances de conseguir realizar seu treino. Remova os pontos de atrito não só do seu ambiente de treinamento, mas também da técnica em si, para que ela flua naturalmente durante uma situação estressora. Pense sempre preparando o ambiente e sua técnica para o futuro, organizando seus espaços e sua vida, tendo um propósito especifico para ela e facilitando-a para as próximas ações.

Espero ter plantado uma semente aqui sobre um assunto incrível, que gera mudanças comportamentais substanciais para quem quer melhorar em qualquer segmento social, seja ele familiar ou profissional.

"Nós somos aquilo que fazemos repetidamente. Excelência, então, não é um modo de agir, mas um hábito." — Will Durant

"Só fazemos melhor aquilo que repetidamente insistimos em melhorar. A busca da excelência não deve ser um objetivo, e sim um hábito."
— Aristóteles

2
FASES DO LUTO E A SÍNDROME DA LUTA E DA FUGA

Todos nós já ouvimos falar que devemos treinar como se luta, assim como devemos suar no treinamento para não sangrarmos em combate. Também falam que devemos repetir o exercício por 4.000 vezes para criar a memória muscular. Mas, alto lá, como criar essa memória se nosso músculo não tem cérebro?

O primeiro passo é entender como nosso corpo reage a situações estressoras, principalmente aquelas em que o risco de morte acompanha a ação o tempo todo. Ainda chamo sua atenção para as circunstâncias repentinas e extremamente violentas em que o tempo não é nosso aliado. Tratarei o tema com a superficialidade de quem não é um especialista em neurociência, mas com o mínimo de conhecimento necessário que cabe a quem quer sair vivo de um confronto armado. Uma coisa eu garanto: posso não ser nenhum neurocientista tático, porém, conhecer o campo prático real, no ápice de qualquer confronto armado, me propicia verificar e sentir na pele o que realmente interessa saber.

Muita coisa é balela para se vender fumaça e enfeitar o pavão. Inventores de bosta nenhuma e que nunca tiveram o desprazer de viver a violência de perto, e tantos outros que já vi refugarem sem conseguir aplicar metade do que dizem ser capaz de fazer, e ainda pior, ensinam o que pensam ser um procedimento eficaz sem ao menos terem se colocado à prova. Estudar, ler, escrever e levar ao laboratório o conteúdo é muito diferente de jogar o jogo. Uma coisa é treino técnico, outra é treino tático, outra é jogo amistoso, e com toda certeza, outra é uma final de campeonato.

Senhores, é como digo: NA PRÁTICA, A TEORIA É OUTRA.

Gostaria de iniciar o assunto falando com você sobre as fases do luto. Todo mundo já ouviu alguém contar alguma experiência em que quase perdeu a vida, ou de um ente querido, ou de um amigo, ou até através de alguma entrevista. Não necessariamente a vítima vai seguir a ordem das fases apresentada, e, muitas das vezes, os fatos serão narrados de forma aleatória. Estas são as fases do luto:

- **NEGAÇÃO**: a pessoa nega o fato, sendo obviamente uma das primeiras etapas de defesa do nosso organismo. Ela custa a acreditar que aquele evento danoso está acontecendo com ela.
  Ex: Jesus! Não creio. Só pode ser mentira. Uma vaca na pista? E quando se dá conta, o carro já capotou.
- **RAIVA**: seu cérebro faz uma associação com a causa do problema e já dispara um sentimento de reprovação. Esse sentimento, é claro, está ligado diretamente com quem ou o que lhe causou o prejuízo.
  Ex: Que animal desgraçado! Quem é o infeliz que deixou esse bicho escapar? Quase morri por causa disso ou daquilo.
- **BARGANHA**: dentro do contexto criado, vamos imaginar que nosso condutor estivesse viajando à noite, ok? Já pensando em sair ileso do problema e sabendo que viajar à noite significa aumento dos riscos de acidentes nas estradas mal iluminadas, ele pensa:
  Ex: Nunca mais dirijo à noite. Meus Deus, se eu sair dessa, nunca mais terei determinado comportamento.
- **DEPRESSÃO**: quando percebe que não tem alternativas, o carro está derrapando e sabe que vai se machucar, torcendo para não perder sua vida.
  Ex: "Vai bater!", diz, esperando o pior.
- **ACEITAÇÃO**: por fim, fecha os olhos e vai para o tudo ou nada.

Acontece que todos esses pensamentos ocorrem na velocidade da luz, preparando seu corpo para aquilo que é chamado de *LUTA* e *FUGA*. Esse processo de tomada de decisão, se é que posso chamar assim, induz você a pensar da seguinte forma: vou lutar ou fugir de determinada situação? A questão é: será que você consegue administrar tudo o que está acontecendo e ainda tomar essa decisão, ou será que você simplesmente executa uma reação instintiva?

Todos os animais necessitam lutar por sua sobrevivência e pela perpetuação da espécie. Sendo assim, carregamos em nossa bagagem genética alguns comportamentos herdados de nossos ancestrais, que tinham uma vida limitada a caçar (beber e comer), lutar (sobrevivência), e se reproduzir (sexo). Portanto, nosso DNA está programado de maneira a reagir instintivamente, afastando em primeiro plano a racionalidade do contexto. Quando você está em perigo, seu cérebro entendendo que sua vida está em risco, de forma automática e inconsciente, faz com que o Sistema Nervoso Simpático (SNS) entre em ação, tomando conta da situação.

Ocorre que com a atuação do SNS, nosso corpo sofre alterações importantes para a manutenção da sobrevivência, mas atrapalha também, de certa forma, algumas habilidades que as lutas modernas exigem. Com a liberação instantânea de alguns hormônios, nosso corpo tem um prejuízo no sistema cognitivo, além da perda da coordenação motora fina, oclusão auditiva, taquicardia, taquipneia, visão de túnel (prejuízo de sua visão periférica) e falsa percepção espaçotemporal.

O corpo realmente nos prepara para lutar ou fugir. Nosso sangue é recrutado para os órgãos nobres e grandes grupos musculares, justamente para podermos correr, pular e ter força para o combate. A sudorese, o enrijecimento e tremor das extremidades também vão acontecer. O lado positivo é sangrar menos nas extremidades. Deus é perfeito ou não é? Até nisso Ele pensou!

Somente com essas informações já podemos, por analogia, perceber que os fundamentos clássicos do tiro não terão muita eficiência em uma luta com armas. Vamos ver?

- **Base:** será que o marginal vai aparecer quando você estiver com a base perfeita?
- **Respiração:** seu sistema de sobrevivência está precisando de oxigênio, sendo assim, a guerra é levar ar para os pulmões. Sua caixa torácica vai estar trabalhando em ritmo acelerado para fazer isso acontecer. É sério que você espera respirar suave para poder atirar? Não esqueça que seu coração também vai acelerar para bombear esse sangue rico em oxigênio.
- **Controle de gatilho:** perda de coordenação motora fina não combina com esse fundamento.
- **Visada:** sabendo da visão de túnel e foco direto na ameaça, não podemos crer que você vá conseguir realizar o enquadramento de quaisquer sistemas de pontaria, a não ser em um caso deliberado, em que você esteja confortavelmente abrigado e com domínio da situação.
- **Empunhadura:** por se tratar de um movimento da habilidade motora grossa, é perfeitamente aplicável em combate. Adianto que aqui está o sucesso do seu tiro de combate.

O objetivo deste capítulo é despertar a curiosidade de como nosso corpo funciona ao se deparar com uma ameaça violenta e fatal, exigindo do operador uma resposta imediata.

A partir daqui, vou elencar trechos de especialistas no assunto para que *você* tire suas próprias conclusões. Quero que você, leitor, pense e analise o seu cenário; não o meu ou de qualquer outra pessoa. Gostaria ainda de trazer um conceito importante abordado no livro *Rápido e devagar: duas formas de pensar*, do autor Daniel Kahneman, que fala sobre dois sistemas que possuímos em nosso cérebro. Interessante colocação, não é verdade?

— Mas, como assim?

Vamos começar conhecendo o Sistema 1. Ele opera automaticamente e de forma rápida, com pouco ou nenhum esforço. Nenhuma percepção de controle voluntário. Já o Sistema 2 traz atenção às atividades mentais laboriosas que o requisitam, e suas operações são, muitas vezes, associadas com a experiência subjetiva de atividades, escolha e concentração.

"O controle da atenção é compartilhado pelos dois sistemas. Orientar-se para um som alto normalmente é uma operação involuntária do Sistema 1, que imediatamente mobiliza a atenção voluntária do Sistema 2. Você talvez seja capaz de resistir a se virar em direção à fonte de um comentário alto e ofensivo numa festa cheia de gente, mas mesmo que sua cabeça não se mova, sua atenção é inicialmente dirigida para lá, pelo menos por algum tempo. Entretanto, a atenção pode se afastar de um foco indesejado, principalmente com uma concentração intensa em outro alvo.

Outra coisa interessante que ele traz é que: nos dispomos de um orçamento de atenção limitado para alocar às suas atividades e, se tentar ir além desse orçamento, vai fracassar. Você pode até fazer várias coisas ao mesmo tempo, desde que sejam fáceis e pouco exigentes."

Digo a você com propriedade que tentar sobreviver a um confronto armado não é fácil e exige o domínio de várias habilidades diferentes.

"Foco intenso em uma tarefa pode tornar a pessoa efetivamente cega, mesmo a estímulos que em geral atraem a atenção.

O Sistema 1 geralmente é muito bom no que faz: seus modelos de situações familiares são precisos, suas previsões de curto prazo são em geral igualmente precisas e suas reações iniciais a desafios são rápidas e normalmente apropriadas. O Sistema 1 tem vieses, porém, erros sistemáticos que ele tende a cometer em circunstancias especificas.

Uma das tarefas do Sistema 2 é dominar os impulsos do Sistema 1. Em outras palavras, o Sistema 2 é o encarregado do autocontrole.

Mesmo nos humanos modernos, o Sistema 1 assume o controle nas emergências e designa prioridade total nas ações de autoproteção. Você vai ver que reagiu à ameaça antes de ficar inteiramente consciente dela.

O Sistema 1 é impulsivo e intuitivo; o Sistema 2 é capaz de raciocínio e é cauteloso, mas ao menos para algumas pessoas ele também é preguiçoso."

Por meio desses pequenos trechos extraídos do livro *Rápido e devagar*, podemos perceber que quem manda em uma situação crítica envolvendo riscos de morte inicialmente é o Sistema 1. Você será capaz de lutar e fugir, porém sua capacidade de racionalizar suas respostas será limitada e os resultados poderão ser inesperados.

Aí está a diferença entre quem está numa competição e quem está num combate real. O atleta joga em um ambiente controlado e, por mais que sofra os efeitos da ansiedade e do estresse da prova, todo cenário é minuciosamente estudado. Ele sabe, inclusive, quando realizar as recargas (*walk through*). Os atiradores esportivos não estão sendo atacados e não existe o risco de serem alvejados durante o evento. Todas as habilidades motoras que serão empregadas na competição foram treinadas e simuladas à exaustão. Com o treinamento adequado, o atleta será capaz de atenuar os efeitos do estresse e, se ele for experiente, poderá obter resultados ainda melhores em razão de estar sob efeitos adrenérgicos.

Podemos então dizer que em situações de competição quem vai estar no comando é o Sistema 2, utilizando o autocontrole, gerindo suas emoções e comportamentos durante a prova.

Tentado ilustrar ainda melhor, temos as considerações trazidas por Terry Wollert, no seu livro *A Scientific Approach to Reality Based Training*. Na obra, ele diz que a informação passa pelo cérebro em dois caminhos com velocidades distintas. O autor os define como *low road* e *high road*, que significa estrada baixa e estrada alta, respectivamente. Segundo ele, a estrada baixa conduz o estímulo visual para a amígdala cerebral, resultando em comportamentos automáticos de proteção, ou seja, instintivos. Primeiro ocorre a ativação do sistema límbico, conhecido como "cérebro emocional", por reunir estruturas reguladoras de condutas e emoções do indivíduo. Dentre essas estruturas, encontramos a amígdala, área relacionada aos impulsos básicos, comportamentos como a raiva, medo, paixão, sexo e senso de autopreservação, por exemplo, que estão diretamente ligados a esse sistema. Na sequência, e seguindo um caminho mais lento, na estrada alta, a informação parte para o córtex pré-frontal, que é o lado racional, mais lento e que faz você repensar se deve mesmo agir como o lado mais instintivo sugeriu.

Lembrando que a estrada baixa (Sistema 1) estará ligada a eventos repentinos e de extrema violência, e, como já disse antes, nesta situação o tempo nunca será seu aliado.

"Quando há um 'sequestro emocional',[1] o tálamo reage de uma forma diferente. Como qualquer controlador de tráfego, ele pode reagir rapidamente a ameaças em potencial. Quando isso acontece, o tálamo desvia os sinais do córtex — o cérebro pensante — direto para a amígdala, o pouso 'forçado' do sequestro. Lembramos que a amígdala só pode reagir baseada em padrões previamente armazenados.

Chama-se sequestro porque é como se fosse um sequestro de avião em que o sequestrador faz o avião pousar em outro lugar. Daniel Goleman, no seu livro Inteligência emocional, descreve esse processo. Em condições normais, o tálamo de nosso cérebro recebe informações vindas dos cinco sentidos e age como um controlador de tráfego aéreo, para manter o fluxo de sinais. Ele envia os impulsos para a parte adequada do córtex (por exemplo, informações visuais vão para o córtex visual), que 'pensa' sobre o impulso e dá um significado. Este significado vai para a amígdala onde uma onda de peptídeos e hormônios são liberados para criar emoção e ação."

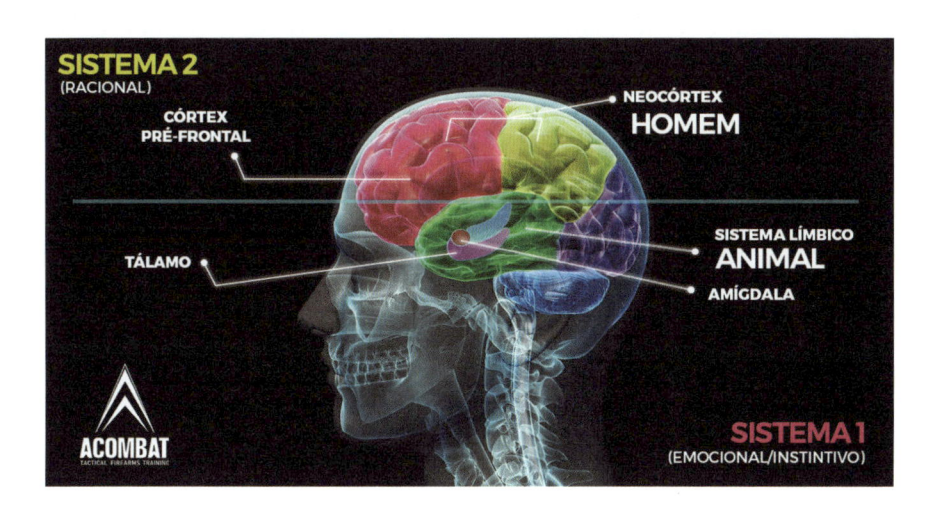

Vamos para mais um detalhe. Já ouviu falar sobre respostas de sobressalto?[2] Respostas de sobressalto é uma defesa que

---

1 Disponível em: <www.paraevoluir.com.br>.
2 Disponível em: <https://brasilescola.uol.com.br/doencas/hiperecplexia.htm>.

"consiste em reações involuntárias a estímulos visuais, táteis ou auditivos, como ruídos altos. Tal comportamento é um dos movimentos mais rápidos que nossa espécie pode gerar, a partir de estímulos sensoriais. Um piscar de olhos exagerado, caretas, flexões da cabeça, elevação dos ombros e flexão dos cotovelos, tronco e joelhos são suas principais características. Nesses ataques repentinos, pode haver aumento ou perda do tônus muscular, sendo o primeiro mais comum. Quanto mais tensos ou cansados estão, mais acentuada é a reação."

Curiosidades:

"Reflexos do tronco encefálico[3]

O tronco encefálico é uma parte do sistema nervoso central, localizado entre a medula espinhal e o diencéfalo, anteriormente ao cerebelo. Ele é composto pelo mesencéfalo, ponte e bulbo, no sentido cranial para caudal.

O reflexo pupilar fotomotor possui aferência no nervo ótico e eferência no nervo oculomotor. Esse reflexo é responsável por causar miose (constrição da pupila). No ambiente de penumbra, pesquisa-se o reflexo fotomotor direto e consensual à luz, esse último ocorre quando testado de maneira bilateral. Quando ocorre lesão da via parassimpática no nervo oculomotor (III) ocorre a anisocoria, que é a diferença de uma pupila para a outra.

O reflexo de piscar refere-se ao fechamento palpebral quando algo ou algum objeto se dirige ao olho. Suas fibras aferentes: nervo óptico até o colículo superior. Suas fibras eferentes: nervo facial."

Em geral, o reconhecimento de uma ameaça será através dos sentidos da visão, audição ou a combinação de ambos. Não acredito que alguém identificará um marginal pelo olfato, gustação ou tato, não é mesmo? Com o tempo e o treinamento, você vai conseguir ver e notar a presença de um estereótipo que será já conhecido, comportamentos que vão chamar a sua atenção, ou até mesmo ouvir barulhos e vozes ameaçadoras. Bom, dito isso, dependendo da velocidade que essas informações chegam até você, as

---

[3] Para mais informações sobre o tema acessar a matéria em: <https://www.sanarmed.com/reflexos-do-tronco-encefalico-colunistas>.

respostas de sobressalto poderão ocorrer de uma maneira mais agressiva. A pergunta que recebo com mais frequência é: tem como reduzir os efeitos?

Vamos recorrer novamente aos especialistas.

"A inibição pré-pulso (PPI)[4] é um fenômeno neurofisiológico em que a resposta para um estímulo (pulso) diminui quando um pré-estímulo mais fraco (pré-pulso) o procede imediatamente no tempo."

Com isso, entendo ser possível reduzir os efeitos das respostas de sobressalto, desde que as técnicas selecionadas sejam compatíveis e principalmente que não vá de encontro com os reflexos que já ocorrerão de forma natural e instintiva, como, por exemplo, ficar com os olhos abertos, tentando fazer uso dos aparelhos de pontaria de sua arma quando há fragmentos de vidro vindo em direção ao seu rosto, após ter o para-brisas rompido por tiros. Acabamos de aprender que os olhos piscam, a cabeça abaixa junto com o retraimento do pescoço e a tendência é buscar proteção. Logo, a técnica a ser buscada tem que ser compatível. Algumas ferramentas ajudarão você a reduzir os efeitos negativos dos reflexos de sobressalto:

- Reconhecimento e antecipação de determinados eventos e comportamentos;
- Experiências vividas em casos reais e concretos;
- Tempo;
- Distância;
- Abrigos.

Diante de tudo que foi exposto, temos agora como entender o porquê das pesquisas concluírem que o aproveitamento dos impactos positivos nas ameaças gira em torno de 16% a 23% durante um confronto armado, como ratifica o trecho abaixo retirado do estudo "Evaluation of the New York City Police Department Fizeram Training and Firearm-Discharge Review Process":

---

4 Disponível em: <https://decs.bvsalud.org/ths/resource/?id=55751#:~:text=Fenômeno>.

"O Departamento de Polícia de Nova York (NYPD)[5] relatou uma degradação de 18 a 20% das habilidades de precisão quando um policial se envolve em um tiroteio real (Vila e Morrison, 1994). Esse dado sugere que tais habilidades motoras estão sujeitas à degradação durante níveis de alto estresse."

A conclusão é que o corpo de um ser humano não funcionará em suas perfeitas condições durante um evento crítico que envolva riscos de morte. Aprendemos também que podemos minimizar os efeitos negativos causados pelos agentes estressores. Sendo assim, entendo que temos quatro pilares que devem ser estudados e treinados exaustivamente tanto para as competições esportivas, quanto para a defesa. Algumas técnicas podem ser empregadas em ambos os casos, porém devo adverti-los que algumas coisas vão ser bem diferentes, dentre elas:

- **Desenvolvimento das habilidades essenciais:** habilidades necessárias para uma boa desenvoltura das técnicas e protocolos a serem executados. Você vai precisar de um bom condicionamento físico (velocidade e potência) e precisão, por exemplo, dos movimentos e pontaria.
- **Técnicas:** conjunto de ações que o levarão a um resultado específico. Forma do saque, recargas, tratamento de panes, utilização de abrigos etc. Lembrando que nessa etapa os equipamentos empregados vão fazer toda diferença na escolha da técnica a ser utilizada. Já vimos que os equipamentos servem para ajudar você nesta execução.
- **Protocolos:** esse tópico é importantíssimo, uma vez que os protocolos podem ser, e muitas vezes são, diferentes de pessoa para pessoa, e até mesmo de lugar para lugar. Vou citar um exemplo pessoal. Tenho um filho especial que anda em cadeirinhas veiculares. A forma como andamos com ele no carro é peculiar. Meu filhote é gigante e pesado, e o local da cadeira é totalmente diferente quando minha esposa está sozinha se compararmos quando eu estou com ela. O portão da garagem da minha casa pode não ser igual ao da sua. Portanto, as

---

5 Disponível em: <https://www.nyc.gov/html/nypd/downloads/pdf/public_information/RAND_FirearmEvaluation.pdf>.

diferenças são muito significativas, e você terá que estudar sua rotina para criar seus protocolos individuais e familiares.
- **Treinamento contextualizado:** agora sim, com toda essa base técnica você vai partir para os cenários e as pistas de competição. Você atira bem, recarrega, se move e se abriga perfeitamente. Já sabe como os alvos costumam ser configurados de acordo com o nível da competição e como os marginais se comportam na cidade. Use sua imaginação e desenvolva as possibilidades a serem encontradas em uma escala de prioridades.

Ah, eu já ia me esquecendo! Acredito que agora o capítulo de equipamentos deve estar fazendo mais sentido para você. Vamos retomar um pouco para você lembrar e perceber que o conhecimento está entrando em suas veias:

"98% dos policiais que sobreviveram[6] disseram não ter utilizado o aparelho de pontaria da arma durante o confronto."

Ainda tem dúvidas quanto a utilização de *red dots* em suas armas? Se vai ou não usar uma LPVO (Low Power Variable Optic)?

Em um confronto repentino sua visão vai estar focada na ameaça ou no aparelho de pontaria?

Foco naquilo que pode tirar sua vida vai ser a prioridade para o seu cérebro, dois olhos abertos sem explorar qualquer tipo de dominância ocular, além da proximidade do seu agressor entre 0 e 3 metros. Ou acha mesmo que algum marginal vai roubar você, ou atentar contra a sua vida a 15, 25 metros? Porque se for, meu irmão, quando ele surgir, é melhor sair correndo que é mais garantido. Lembre-se de que o que iguala um atirador ruim a um bom é a curta distância. De longe, só quem tem técnica consegue acertar. Então, corre!

Concluindo: esquece! Não vai usar! Não nessas condições! Aqui a solução vai ser a indexação ao alvo através de movimentos proprioceptivos utilizando referências em seu próprio corpo. Já reparou que seu nariz aponta sempre para aonde seu rosto e olhos focam?

Fica a dica para um outro capítulo!

---

6 Disponível em: <https://www.ojp.gov/ncjrs/virtual-library/abstracts/violent-encounters--study-felonious-assaults-our-nations-law>.

PRINCIPAIS LEIS QUE AJUDARÃO NA SUA PERFORMANCE

Existem algumas leis que servem de norte para o treinamento e são universais, difundidas nas escolas e bancos acadêmicos de variadas profissões. Algumas têm a ver com a segurança, e outras com as reações que temos sob fortes emoções. Todas possuem como característica melhorar o desempenho na tomada de decisões em situações de estresse, aumentando assim as chances de sucesso em um confronto armado. Sem mais delongas, vamos a cada uma delas:

1 LEI DE MURPHY

Essa não é uma lei propriamente dita, pois não há comprovação científica, mas se tornou popular como uma lei informal e universal. Há registros históricos do ano de 1877, quando Alfred Holt teria deixado registrado numa minuta de reunião de engenheiros londrinos uma frase que indicava que qualquer coisa que pudesse dar errado no mar, daria. Em 1908, o ilusionista inglês Nevil Maskelyne escreveu que é uma experiência comum descobrir que tudo o que pode dar errado, dará errado. Mas o nome que ganhou o mundo é atribuído ao capitão e engenheiro estadunidense Edward Aloysius Murphy Jr., que participava de um projeto de testes dos efeitos da desaceleração rápida em pilotos de aeronave. Ele desenvolveu um aparelho que foi instalado errado, e foi então que teria dito a famosa frase: "Se existe alguma possibilidade de alguma coisa dar errado, dará errado."

Tanto em um combate real, como em uma prova de tiro prático, os segundos definem a vitória. Sabe aquele carregador que você quer trocar em uma recarga e acaba deixando cair? Já deve ter visto alguém balançando a mão na tentativa de que ele saia. Só que ele ficou pendurado por inúmeras razões. Daí o operador tem que acabar arrancando de uma vez por todas. Logo, se um carregador pode ficar preso, ele certamente ficará, e vai ser no pior momento de sua vida. Seja inteligente e avalie cada técnica que vai adotar. Nem sempre a técnica mais rápida funcionará 100% das vezes.

Por isso, não gosto de correr riscos desnecessários, afinal, se for uma competição, o maior resultado negativo será perder o tempo investido e ser derrotado na prova, mas se for na defesa da sua vida? Aí você não vai retornar para sua casa, para a sua família.

2 LEI DE LAMARCK OU LAMARCKISMO

O Lamarckismo é uma teoria evolutiva criada pelo biólogo francês Jean-Baptist Lamarck no século XIX. Como primeiro pesquisador a formular uma hipótese sobre a evolução das espécies, Lamarck deixa registrado na história a "Lei do uso e do desuso" e a "Lei da herança dos caracteres adquiridos".

Aqui vou trabalhar a "Lei do uso e do desuso". Segundo Lamarck, os órgãos utilizados com frequência pelo ser vivo tendem a se desenvolver mais que os outros. Ao passo que os órgãos pouco utilizados, ou não utilizados, são atrofiados. Segundo o pesquisador, a necessidade de adaptação dos seres vivos a um ambiente natural específico é a responsável pela definição do maior ou menor uso de um órgão.

Gosto de aplicar essa lei em nosso método de trabalho, pois uma vez que você deixa de praticar suas tarefas, seu relógio biológico começa a girar em seu desfavor. Cada habilidade motora adquirida vai se perder ao longo do tempo. É uma condição não somente imposta às habilidades motoras, mas também às memórias, por exemplo, que são passíveis de perda. Quem lembra de todas as fórmulas usadas no período escolar? Garanto que quando estudou para determinado concurso você tinha aquela disciplina fresca na memória, assim como um fisiculturista estava gigante no período de provas. Mas assim que o concurso passou, as matérias foram esquecidas, e depois das provas, o fisiculturista que passou um mês sem malhar, certamente ficou "churriado" (risos).

Assim irá acontecer com todo conhecimento e habilidade que forem adquiridos, condicionados ou memorizados. Acredito que tenha entendido o recado. Quer se manter vivo? Então treine continuamente, caso contrário, quando precisar daquela desenvoltura de antes, ela já não pode ser mais a mesma.

3 LEI DE PARETO, A REGRA DOS 80/20

A fórmula teria surgido em 1906 através da observação de um economista italiano chamado Vilfredo Pareto. Ele teria criado a lei quando estudava a distribuição desigual de renda em seu país. Segundo o economista, 80% da riqueza estava concentrada nas mãos de 20% da população. Posteriormente, Joseph Juran, um consultor de negócios, concluiu durante um estudo que 80% dos problemas são causados por apenas 20% dos defeitos e batizou a regra 80/20 de Lei de Pareto.

Esse princípio também é utilizado em treinamentos, e quem aplica a Lei de Pareto nessa área afirma que 20% dos exercícios e hábitos têm 80% de impacto. Concordo, pois com os anos dedicados às técnicas de tiro, digo seguramente que dentro desses 20% de técnicas de grande resultado está o conteúdo básico de tiro.

Entre vários fatores que atrapalham o aperfeiçoamento da técnica hoje em dia estão a difusão da prática tática do tiro em estandes, em que atiradores que não querem fazer o básico porque não é divertido, instrutores que não priorizam o ensinamento dos princípios básicos porque não vende e as redes sociais, que, além de exibir atividades mirabolantes e muitas vezes irresponsáveis e perigosas, acabam desincentivando muitas vezes o aluno que inicia o estudo e não encontra o que é vendido nas telas.

A boa prática é baseada em tiros bem colocados em zonas A, uma boa postura e saber utilizar de forma correta um abrigo, sem necessidade de realizar os exageros atuais como rolar e atirar, piscar lanternas de forma descontrolada e tantas outras invenções que desvalorizam uma metodologia segura e correta.

Bom, com essa explicação fica fácil você montar o seu processo de desenvolvimento, uma vez que já sabemos quais são as habilidades essenciais para uma boa performance no esporte, bem como na defesa. O que você precisa fazer que resolverá a maior parte dos seus problemas está nos 20%, no básico, que abarca, por exemplo, escolher a quantidade de munições que você tem para gastar naquele treino, fazendo a distribuição de acordo com o que é mais importante dentro dos seus pontos fortes e fracos.

4 LEI DE HICK

A Lei de Hick ou Hick-Hyman, assim batizada em homenagem a William Edmund Hyman e Ray Hyman, dois pesquisadores da década de 1950, afirma que quanto maior for o número de opções apresentadas, maior será o tempo para a tomada de decisão. Isto quer dizer que o tempo consumido por uma pessoa para tomar uma decisão está diretamente ligado ao número de alternativas oferecidas a ela. Vou dar um exemplo: escolher um prato em um cardápio recheado de opções demora mais do que optar por um bife com ovo ou um filé de frango com batatas. Mesmo no estado de tranquilidade usual de um restaurante, onde por mais que esteja esfomeado a sua pressão será 12/8 e o seu batimento será 60 bpm, você se tornará, ainda assim, uma pessoa mais lenta quando houver mais alternativas.

Conhecendo essa imposição da Lei de Hick, será que muitas opções de técnicas e equipamentos vão ajudar dentro da realidade de um confronto armado? É preciso criar uma solução mais rápida para as escolhas nos momentos em que você estará sob a influência da síndrome da luta e da fuga, circunstância na qual sua vida estará depositada na decisão mais assertiva e veloz possível, ainda que sob os efeitos de um coquetel hormonal que deteriora sua performance, deixando-o num nível de habilidades basais (tema que trataremos em um capítulo específico mais à frente).

Vou apresentar uma hipótese concreta: panes ou mal funcionamento das armas. Seja qual for a falha, carregador mal inserido, chaminé e suas variações, pane de funcionamento da munição ou dupla alimentação, é preciso lembrar que para cada uma existem várias soluções. E é aí que está o problema: o número de opções em seu cardápio de panes. Mas, calma, fazendo uma conjugação com a Lei de Pareto, posso afirmar que existe uma forma que engloba a maior parte dessas opções, algo imediatista, que em primeiro plano resolverá quase todas elas, o famoso **tapa e golpe**.

Aprofundaremos a parte técnica sobre o assunto no capítulo A arma e suas manipulações. Por hora, quero alertar para o fato de que você não terá tempo para identificar o problema, racionalizar a situação e buscar a solução perfeita. Já parou para pensar que pode estar escuro quando você estiver tentando ler o cardápio?

O ideal é agir de forma reativa a um estímulo com uma medida saneadora mais abrangente e certeira: o **tapa e golpe**. Podemos até perder um milésimo de segundo, mas as panes mais prováveis em um curto espaço de tempo estarão resolvidas. Isso porque não há envolvimento cognitivo no processo, então eu não pensei em escolher um item do cardápio, me limitando a apenas duas opções que são diretamente interligadas e sequenciais. Seria o mesmo que dizer no restaurante que se o primeiro prato não matar a minha fome, irei direto para o segundo, gostando ou não da comida. Não tem muito o que pensar.

Dica: aprofunde o assunto estudando como o pesquisador E. Roth aplicou a Lei de Hick em suas pesquisas relacionando tempos de respostas e velocidades de processamento.

5 LEI DE FITTS

Estabelecida em 1954, a Lei de Fitts é um modelo do movimento humano desenvolvido pelo psicólogo Paul Fitts. Ao observar o sistema motor humano, Paul concluiu que é possível prever o tempo de movimento do ponto inicial até o final/alvo, considerando a distância dividida pelo tamanho do alvo.

Então vamos à minha interpretação sobre o tema. Em provas de tiro prático, quando você assiste a um competidor de alto nível nas pistas, é possível notar pela sua cadência de disparos se os alvos estão a curta ou a longa distância. Isso acontece porque quanto mais perto estiver o alvo de tamanho normal, o atirador não precisa valorizar o enquadramento e tracionamento do seu gatilho. Afinal, a margem de erro é muito pequena em razão da pouca distância, logo, o tiro é acelerado. No entanto, se o alvo estiver perto, mas for pequeno, o atirador vai precisar diminuir a velocidade, do contrário, o erro será garantido.

Em resumo, quando o alvo for pequeno e estiver a longa distância, você será muito lento(a) porque vai ter que caprichar nos fundamentos de tiro. Já quando o alvo for grande e estiver a curta distância, você vai poder acelerar. Portanto, a velocidade é proporcional à distância e ao tamanho do alvo.

Você pode perguntar: na defesa essa lei também é aplicável?

No meu entendimento, sim! Caso você tenha uma ameaça muito próxima, a sua velocidade terá que ser alta, além de ter um tórax humanoide com tamanho suficiente para absorver esses projéteis. Neste caso, você não terá muito tempo para ser detalhista na forma com que traciona o gatilho, muito menos de valorizar demais a sua postura.

A conclusão que cheguei ao longo da minha experiência, tanto como competidor quanto como sobrevivente, é que você tem que dominar seu equipamento a ponto de conhecer os limites de velocidade de entrada no alvo, bem como o momento em que o gatilho deve ser acionado. Resumindo, aposte na velocidade para alvos grandes e próximos, e nos fundamentos para distantes e pequenos. Essa é a relação.

CONCLUSÃO

Essas são as leis que me norteiam sempre que estudo uma técnica nova ou qualquer procedimento. Quando recebo novas informações, aprofundo o conhecimento para encaixar nessas leis. Até hoje, isso tem me ajudado bastante na minha vida profissional. Certa vez, escutei de um aluno uma frase bem bacana: "quem inventa é inventor!"

Sigo princípios e valores, buscando uma aplicabilidade lógica dentro de um cenário real. Muitas coisas funcionam para o Instagram e mídias sociais em busca de curtidas, mas não para a realidade. O feijão com arroz ninguém quer; no entanto, é o que alimenta e enche a barriga do peão. Posso falar com propriedade, pois já fui competidor e sou sobrevivente de uma guerra diária, tanto nas minhas atividades policiais, quanto como cidadão que vive na cidade que registra os maiores índices de confrontos armados urbanos.

"Respeite a barba branca dos velhos que trabalham em profissões que os jovens morrem cedo."

Ser simples não é sinônimo de mediocridade, e sim de encurtar caminhos em busca de uma eficiência máxima. Retire aquilo que realmente não interessa e que esteja apenas enfeitando seus movimentos. Além de ridículo, nunca te levará ao pódio, e se acontecer na rua, vai te matar.

4
PRÁTICA DELIBERADA

Neste capítulo você irá aprender como otimizar seu treino de forma técnica e produtiva, levando tudo o que fez até agora para um outro nível de capacidade técnica. Não ache que ofereço uma receita milagrosa que vai fazer você atingir seu objetivo com pouco investimento. Pelo contrário, sua dedicação e disciplina é que definirão sua evolução no treinamento proposto.

Mais importante do que dom ou talento é saber como conduzir a forma correta dos seus treinos. Para isso, o conhecimento da própria capacidade técnica é fundamental para que você saiba onde está e aonde quer chegar. Dessa forma, será capaz de montar um planejamento detalhado de tarefas diárias que formarão microciclos. Você pode me perguntar:

— Combate, você sempre treinou assim?

Eu te respondo com toda franqueza:

— Não. Não mesmo.

Foram muitos anos de prática esportiva e de envolvimento profundo em treinamentos militares e policiais. Ao longo do caminho, as técnicas de ensino começaram a ganhar um novo sentido ou passaram até a ser questionáveis para mim. A primeira barreira que enfrentei nesse quesito foi a metodologia engessada no tempo. Os instrutores mais antigos ensinavam replicando exatamente a forma que aprenderam. Não conseguiam explicar o porquê daquela técnica nem como poderíamos aproveitá-la melhor. Quando alguém perguntava como evoluir, tinham uma resposta clássica: é só repetir de 4 a 5 mil vezes para criar memória muscular.

Isso me incomodava, afinal ele estava falando sobre repetir qual parte? Quer dizer que todo o movimento está ruim? Se não está todo comprometido, então qual parte especificamente preciso melhorar? Sem respostas, aprofundei minhas pesquisas e estudos e prometi para mim que, quando chegasse a minha vez de estar em frente a uma turma, nunca iria responder aos meus alunos da mesma maneira. Mantenho a promessa até hoje.

Após duas décadas ministrando em instituições públicas e privadas de tiro e táticas operacionais, construí um método diferente que preenche as lacunas deixadas pelo modo antigo que tanto me incomodava. Desta forma, nasceu o método ACOMBAT de treinamento, que é aplicado no(a) aluno(a) antes mesmo dele(a) começar a ter aulas. Ou seja, antes de se lançar no universo do conhecimento de qualquer área, é necessário responder honestamente se há uma **motivação real** para fazer aquele curso. É uma pergunta difícil de responder, pois a motivação comum pode ser algo muito volátil, que passa rápido, com se fosse uma paixão: intensa, superficial e feroz.

Essa motivação comum pode usada como motivo para começar algo, para ligar o botão do *start*, mas é necessário ter clareza antes mesmo de começar o curso. O(a) aluno(a) vai precisar mais do que isso para superar seus limites e se manter focado no seu objetivo. É uma descoberta de nível íntimo, pessoal, porque o que é motivador para um, não será para outro. Então, o primeiro passo é descobrir pelo que seu coração grita, ou seja, sua motivação real!

Eu, por exemplo, estou imerso no mundo do tiro da defesa e as minhas atividades têm alto grau de risco. Compreendi as minhas escolhas, as possíveis consequências e decidi investir em um tipo de treinamento que me desse condições físicas e técnicas para manter vivo, mesmo sob risco. Desta forma, eu volto para casa, para a minha família, esta é minha motivação real. Não é algo supérfluo, não é uma moda, entende? É algo **estrutural**.

Agora responda: pelo que seu coração grita?

Outro tópico que faz parte do método ACOMBAT e que ultrapassa o conteúdo é o que considera o significado das **metas**. Já parou para pensar que a meta do vencedor e a do perdedor é sempre a mesma? Todos querem ser os melhores naquilo que fazem, só que nem todos chegam lá.

Muitos afirmam que o que define um(a) vencedor(a) é a **disciplina**. Concordo, mas só em parte. A disciplina vai fazer você acordar cedo para treinar mesmo no dia em que não quer sair de casa. Ainda que esteja cansado e desanimado, você vai levantar, se arrumar e treinar. Aproveito o ensejo para deixar uma dica polêmica: é melhor malfeito, do que não feito. Sendo assim, afirmo que a disciplina é fundamental, mas ela sozinha não é suficiente. O elemento que te levará ao sucesso se chama **processo**. Ame o processo e nunca deixará de praticar.

É necessário manter em vista que o processo que vai adotar para seu treinamento é ligado diretamente a outro tópico muito conhecido nos campos de treinamento do mundo todo: o **planejamento**. Planejar não é simples, é uma expressão que requer cuidados especiais na sua interpretação. Conhece alguém que passou a vida toda planejando e nunca saiu do lugar? Todos conhecem alguém assim, que planeja e planeja, pensa e repensa milhões de vezes e nada executa. Isso acontece porque planejar em excesso é uma forma de procrastinação, que é adiar a execução. Mas o que proponho aqui é o oposto: eu quero **ação**, quero fazer acontecer.

Para não cair na armadilha da procrastinação, esqueça o momento ideal, a logística e as ferramentas perfeitas. Faça o melhor que pode com o que você tem em mãos. Foi o que aconteceu quando eu liderava o Grupamento de Intervenções Táticas da Polícia Penal do estado do Rio de Janeiro. A tropa já tinha conseguido alcançar um nível técnico ideal, mas os equipamentos estavam obsoletos. Reivindiquei armas melhores, só que dessa vez eu sabia que ia demorar. É o cenário certo para queda da motivação, então era preciso agir. Reuni a tropa e dei o recado: autoridade alguma vai comprar uma arma moderna se não formos os melhores com a que temos. Nossa obrigação é fazer a diferença até com um cabo de vassoura na mão. Só assim vamos conseguir a nossa meta. Ninguém vai comprar um equipamento caro para colocar nas mãos de quem não sabe o que fazer.

Não paramos. Treinamos duro até chegarmos ao **ideal**. Quando recebemos as armas novas, mais modernas e com melhor desempenho, estávamos prontos para a missão. Simples assim. A meta foi atingida, então acabaram as necessidades? Quando você alcança suas metas, o que faz depois?

Chegar aonde sempre quis é complexo porque pode parecer que continuar não faz mais sentido, então você pode parar de evoluir. Por isso, é preciso entender que planejamento é diferente de movimento. Planejar faz parte apenas do ato preparatório, já o movimento é constante. Não há zona de conforto para quem quer evoluir.

Para que o movimento seja contínuo, é preciso estipular desafios plausíveis e alcançáveis. Jamais coloque um desafio com um grau de dificuldade enorme, com um espaço de tempo muito grande entre suas conquistas. Nosso cérebro não gosta de gastar muita energia e muito menos de perder. Não crie frustrações desnecessárias que servirão de sabotagens para não seguir para o próximo treino. Somos inteligentes e podemos ganhar sempre, mas de vitória a vitória. A batalha é vencida com um grande número de pequenas vitórias somadas. Seguimos com pequenos desafios que, ao final de sua execução, a certeza da conquista gerará prazer, criando assim uma nova expectativa e vontade de repetir a ação.

A partir de agora, a busca pela perfeição de cada movimento tem que ser algo inegociável. Lembre-se de que samurais lutam com a espada, e nós vamos lutar com armas de fogo. Assim como os artistas marciais buscam a perfeição dos movimentos, nós também vamos estar constantemente correndo atrás de manipulações perfeitas. Estou falando da **marcialidade dos movimentos com armas de fogo**. Você não pode ter várias formas de trocar o carregador da sua pistola ou de fechar seu ferrolho. Na ocasião X faço assim e na Y faço assado. Trataremos em um capítulo específico o porquê de você precisar escolher uma única maneira de fazer as coisas. Adianto apenas que será sempre uma forma única, simples, precisa, veloz e perfeita.

Outra característica da nossa forma de dar continuidade aos trabalhos é a **autoanálise**. Você deve a cada repetição de movimento analisar o passo a passo da tarefa que está realizando. Para que fique mais fácil, **isole as habilidades**, pois assim conseguirá identificar onde investirá a maior quantidade de atenção durante o treinamento. Mas você deve estar falando com o livro assim agora:

— Andrade, como assim isolar habilidades? Passa o bizu!

Vamos lá, o seu saque é composto por quantos movimentos motores? Eu destravo o coldre, a mão reativa vai ao peito, e visto a empunhadura no cabo da pistola. Retiro a arma do coldre e alinho ao alvo. Monto a dupla empunhadura e apresento ao alvo. Neste caso, tive 3 ações com micromovimentos em cada uma delas, correto? A partir da revisão detalhada de todos os passos, ou seja, em minha **autoanálise**, vou poder localizar em qual dessas etapas está o meu problema a ser solucionado. Por exemplo: repassando os movimentos, pude perceber que o atraso do meu saque ocorre por conta de falhas no meu sistema de travas do coldre, e ainda, uma vez ou outra, ocasiona uma empunhadura folgada. Pronto! Acabei de gerar a próxima etapa do processo, que é o **autodiagnóstico**.

Todo esse processo de **autoanálise** e **autodiagnóstico** tem que ser levado a sério. Você deve criar suas planilhas de acordo com suas percepções do que merece ser registrado. A cada treinamento, você deve realizar essas duas etapas, gerando assim um controle escrito detalhado, como por exemplo: data, horário, quantidade de horas dedicadas a determinadas tarefas, quantidade de munições e, principalmente, os resultados. Essas anotações deverão ser analisadas mensalmente e, assim, a cada fim de ano você poderá aferir os níveis de desempenho, o que vai permitir ajustes nos pontos que precisam de maior atenção. Treinar certo dá trabalho, galera!

Seguindo esses passos, você vai descobrir seus pontos **fortes** e pontos **fracos**. Com essas definições, sugiro que sempre comece seu treinamento focando nos pontos **fracos**, pois como acabou de iniciar, sua cabeça e seu corpo estarão descansados. Outro motivo pelo qual deve começar atacando suas fraquezas é que, se o seu treinamento for interrompido no meio, a parte que mais precisava ser trabalhada já terá sido realizada. E esteja atento, pois, normalmente, somos mais fracos em etapas que não gostamos muito de fazer, e se ela ficar para o final — momento em que estará mais cansado —, a tendência é que desista. No entanto, se no término estiver uma tarefa da qual gosta, você fará com prazer, justamente porque aquilo te faz bem.

— Andrade, existe uma medida ideal para dividir meu treino em **fracos** e **fortes**?

Eu gosto de aplicar o princípio da Lei de Pareto. Faço a divisão da tarefa da seguinte forma: do tempo total que tenho, destino 80% para os pontos **fracos**, 10% para o **fortes** e deixo 10% para realizar a tarefa de forma global e fluida. Lembre-se de que isso é para cada tarefa **isolada**. Dessa forma, estarei sempre trabalhando tudo o que preciso. Fortalecendo os pontos **fracos** e reforçando os pontos **fortes**. Dica: aquilo que você deixa de fazer se deteriora ao longo do tempo, ou seja, mesmo que seja um ponto forte, se não houver prática, em breve será superado pelo fraco, e sua balança nunca será equilibrada.

Por fim vamos entender como funciona a consolidação do conhecimento. Vou apresentar para vocês duas formas: dor e repetição. Em cursos operacionais, tem até uma fala bem antiga e muito utilizada: "Só a dor gera compreensão." Garanto a vocês que é a mais pura verdade (rindo sozinho igual a um maluco). Isso acontece porque o processo de compreensão está diretamente ligado ao nosso instinto de sobrevivência, e é óbvio que não queremos que eventos ruins se repitam. Mas nem sempre podemos gerar sentimentos que venham a causar dor, caso alguma de nossas tarefas fracasse. Então o que nos resta é condicionar nosso cérebro repetindo à exaustão determinada tarefa, sempre fazendo correções para não desenvolver um erro de execução. Por isso a importância do feedback imediato durante seu treino e a construção do diagnóstico. Estou falando de um tipo de memória chamada de memória de procedimento ou procedimental, que consegue ser recrutada sob fortes emoções.

Veja o quadro abaixo para você ter uma noção de como funcionam os tipos de memória.

PRÁTICA DELIBERADA

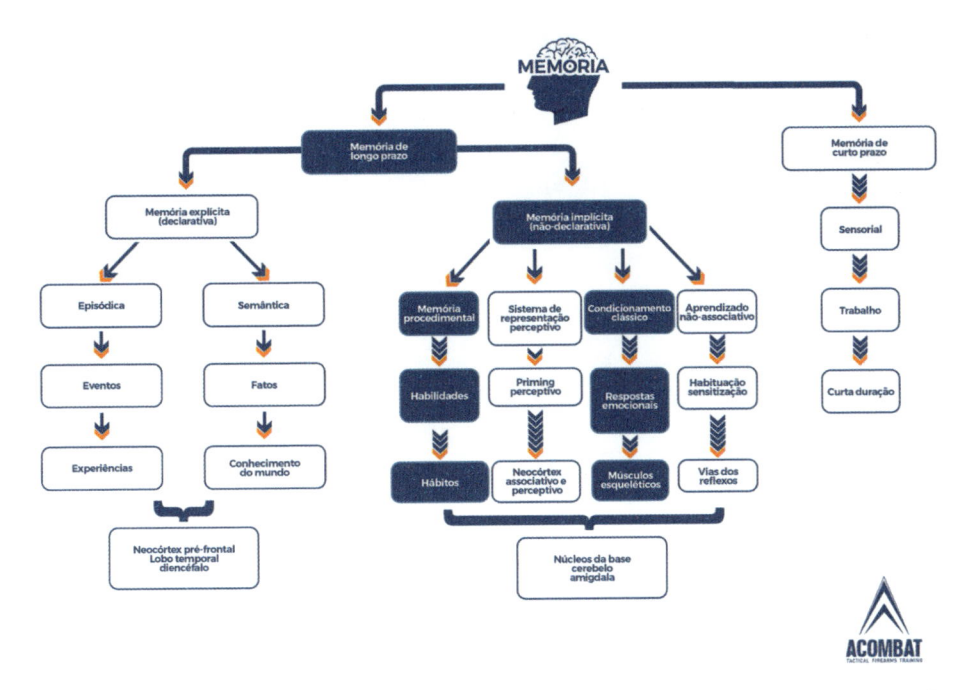

Fonte: gráfico elaborado com base em "John Boyd's OODA Loop".

Agora ficou mais fácil dividir seu QTS (Quadro de Treinamento Semanal) conforme sua necessidade. Lembre-se de que passei a treinar desta forma após uma longa jornada de estudos sobre técnicas de aprendizado e comportamento humano. Porém, afirmo que onde mais aprendi foi nas linhas de tiro trocando informações com meus alunos ao longo de 20 anos de trabalho com treinamentos.

Mãos à obra!

5
CICLOS, CÓDIGOS E PROTOCOLOS

Neste capítulo trataremos de alguns conceitos doutrinários que todo cidadão possuidor de uma arma de fogo deve conhecer. O foco é trabalhar a sua percepção, antecipação e preparação comportamental para sua defesa. Às vezes, ouço alguns atletas dizerem que a arma é seu equipamento exclusivo para prática esportiva, e deve ser mesmo. As armas de posse ou porte são as que se destinam a defesa pessoal. Porém, devemos levar em consideração casos em que o atleta pode ter sua casa invadida por marginais, e a única opção é fazer uso dos seus equipamentos para garantir a segurança de sua família. Por esta razão, acho importante que qualquer cidadão tenha conhecimento deste conteúdo, e, digo mais, você pode treinar brincando com sua família alguns dos protocolos a seguir, pois eles servem para muitas coisas que envolvem estresses no cotidiano.

A ideia é apresentar os autores que desenvolveram doutrinas que utilizo no meu dia a dia, e cada um deles merece total respeito a seus estudos, pois construíram o alicerce para que atualmente possamos avançar nas pesquisas. Aqui vai estar a base para que vocês possam aprofundar os estudos e extrair o que cada um desses renomados autores tem de melhor. Vamos estudar os seguintes tópicos:

- Ciclo de OODA;
- Código de cores de Jeff Cooper;

- Grosmann e o código de cores;
- Protocolo Wyatt;
- Protocolo O3R;
- Planejamento de MacRaven.

Antes de abordarmos o Ciclo de OODA, gostaria de apresentar o estudo "Reaction Time, Lethal Force Encounter Shooting Scene Consideration", realizado por Gaylan Warren:

"Este processo de resposta[7] (reação/ação) é variado e referido como tempo de resposta, tempo de reação/resposta, tempo de tomada de decisão/resposta-reação, ou reação/ação.

Independentemente do que você chama, a resposta pode ser dividida em pelo menos dois componentes. A reação ou tempo mental e o tempo de ação ou movimento. Estes podem ser testados e medidos até certo ponto.

Existem dois componentes associados à descarga de uma arma de fogo em um típico encontro defensivo. A primeira é a reação ou tempo mental e envolve o tempo necessário para processar informações e tomar uma decisão mental de disparar uma arma de fogo. Hontz & Rheingans dividem esse tempo mental em estágios.

Primeiro é a percepção. Isso é sensorial, principalmente visual, por exemplo, o carro está em movimento ou o objeto está vindo em minha direção. Pode ser auditivo, eu ouço o motor acelerando, ou eu ouço um tiro. Isto pode ser olfativo, por exemplo, sinto cheiro de fumaça. Pode até ser tátil, por exemplo, fui atingido ou algo me agarrou.

A segunda etapa é analisar e avaliar. Por exemplo: o veículo está em movimento ('eu comecei a cair para trás e, como o carro começou a mexer-se, ... pensei que ia ser arrastado pela rua.'), ele avançou ('ele veio em minha direção... pensei que ele tinha uma faca e eu seria morto.').

A próxima etapa é a formulação de um plano. Isso resulta no oficial ou cidadão se defendendo. A forma depende da experiência, o treinamento e as ferramentas que estão disponíveis para alcançar cessação da ameaça.

---

7 Disponível em: <http://4n6lab.org/RctnTm.pdf>.

O estágio final do processo mental ou de reação é iniciar a ação motora. Por exemplo, sacar sua arma de fogo, trazer a arma para uso, mover o dedo para disparar, visualizar a imagem e pressionar o gatilho."

Agora sim estamos prontos, então vamos ao primeiro.

CICLO DE OODA

O conceito de Ciclo de Decisão ou Ciclo OODA — Observação, Orientação, Decisão e Ação —, foi desenvolvido pelo coronel John Boyd, piloto da Força Aérea dos Estados Unidos, pois enquanto atuava na Guerra da Coreia, Boyd observou algo incomum no combate aéreo.

Os Estados Unidos utilizavam aviões F-86 Sabres, contra os MIG-15 fabricados na União Soviética, que eram superiores ao modelo do rival. Eram mais rápidos, maiores e mais potentes. Contudo, mesmo com todas essas vantagens, os pilotos dos F-86 alcançaram uma taxa de abate de 10:1 contra os MIG-15, algo que despertou a curiosidade de Boyd.

Com esta interrogação em mente, o coronel analisou as táticas utilizadas em combate por ambas as partes e concluiu que a grande vantagem dos F-86 estava na maior visibilidade que o piloto possuía, tendo assim uma maior "consciência situacional", aliada à capacidade de manobra da aeronave que era menos cansativa. Essa análise inicial levou Boyd a uma série de estudos sobre táticas de combate, estratégia de guerra e até o desenvolvimento de novos modelos de caças, acabando por desenvolver aquilo que chamamos de OODA Loop.

O OODA Loop é um processo de quatro etapas para tomar decisões eficazes em situações de alto risco. Essa técnica consiste em recolher informações relevantes, reconhecer possíveis preconceitos, decidir e agir e, em seguida, repetir o processo com novas informações obtidas do mesmo processo — daí ser considerado um "loop", ou seja, um ciclo.

Aqui é importante realçar a parte do "loop". O processo deve ser repetido várias vezes até que o "conflito" termine. Cada repetição fornece mais informações para a próxima etapa, tornando-a um ciclo de feedback.

As 4 etapas do OODA Loop são:

1) Observar

O primeiro passo é observar a situação com o objetivo de construir o quadro mais preciso e abrangente possível. Essa etapa requer a conversão de informações numa imagem geral com um significado abrangente que as coloque no contexto. Uma capacidade particularmente vital é a de identificar quais informações são apenas ruído e irrelevantes para a decisão atual e em quais informações devemos prestar atenção.

Para se tomar boas decisões é preciso dominar a arte de observar o ambiente, e tal como acontecia com os F-86 em relação aos MIG-15, em que os primeiros tinham um campo de visão mais amplo, quanto maior for o nosso campo de visão sobre o "ambiente" que nos rodeia melhor, pois iremos capturar mais informações.

Um exemplo muito concreto é o processo de triagem quando chegamos em um hospital. A prioridade dos médicos, ou enfermeiros, é descobrir quais as informações que precisam saber e depois recolhê-las. Eles começam a fazer perguntas ao paciente, depois verificam os registros, os sinais vitais, como pressão arterial, e solicitam testes diagnósticos específicos.

Os médicos aprendem a captar pistas sutis que podem revelar condições específicas, como os padrões de fala do paciente, a linguagem corporal, o que o levou para o hospital e até mesmo o cheiro. Em alguns casos, a ausência (ao invés da presença) de certas pistas também é importante. Ao mesmo tempo, o médico precisa descartar informações irrelevantes e, em seguida, juntar todas as peças antes de poder tratar o paciente.

Depois de todas as informações possíveis recolhidas, passamos à etapa seguinte.

2) Orientar

O próximo passo é orientar. Boyd referiu-se a esta etapa como *schwerpunkt*, que significa "a ênfase principal" em alemão. Orientar-se é reconhecer quaisquer barreiras que possam interferir nas outras partes do Ciclo OODA.

"Orientação" significa conectar-se com a realidade e ver o mundo como ele realmente é, o mais livre possível da influência de vieses cognitivos. Boyd afirma que se orientar adequadamente pode ser suficiente para superar uma desvantagem inicial — como menos recursos ou menos informações — para ser mais esperto que um oponente. O piloto identificou as principais barreiras que impedem a nossa visão de obter informações objetivas: as nossas tradições culturais; a nossa herança genética; a nossa capacidade de analisar e sintetizar e o influxo de novas informações.

3) Decidir

As etapas anteriores nos dão uma base para tomarmos decisões informadas. É possível obter aquilo que chamamos de "informação acionável", ou seja, aquelas com as quais podemos tomar decisões. É preciso ter consciência de que não podemos tomar as mesmas decisões repetidamente. Esta parte do loop deverá ser flexível e aberta à atualização bayesiana.

A implicação é que devemos testar as decisões que tomamos neste ponto do loop, identificando as falhas e incluindo quaisquer problemas em estágios futuros de observação.

4) Agir

Decidir não implica necessariamente o agir. Devemos ser intencionais em nossas decisões e colocá-las em prática. Em suma, agir. Só quando agimos é que colocamos em prática as nossas decisões. Depois esperamos que os resultados nos indiquem se a decisão foi boa ou não, fornecendo assim informações vitais para voltarmos à primeira parte do ciclo e começar novamente, agora mais bem informados do que da primeira vez.

O OODA[8] LOOP NO COTIDIANO

"Não podemos apenas olhar para as nossas próprias experiências pessoais ou usar as mesmas receitas mentais indefinidamente; temos que olhar para outras disciplinas e atividades e relacioná-las ou conectá-las ao que sabemos das nossas experiências e do mundo estratégico em que vivemos", afirmou John Boyd.

---

8 Disponível em: <https://mittechreview.com.br/ciclo-ooda-como-os-pilotos-de-caca-tomam-decisoes-rapidas-e-precisas/#:~:text=Essa>.

Se começar a aplicar o OODA Loop nas suas decisões diárias, irá notar certas coisas que até agora passavam despercebidas. E antes de aderir à sua primeira conclusão, fará uma pausa para considerar os seus preconceitos, obter informações adicionais e ser mais cuidadoso com as consequências.

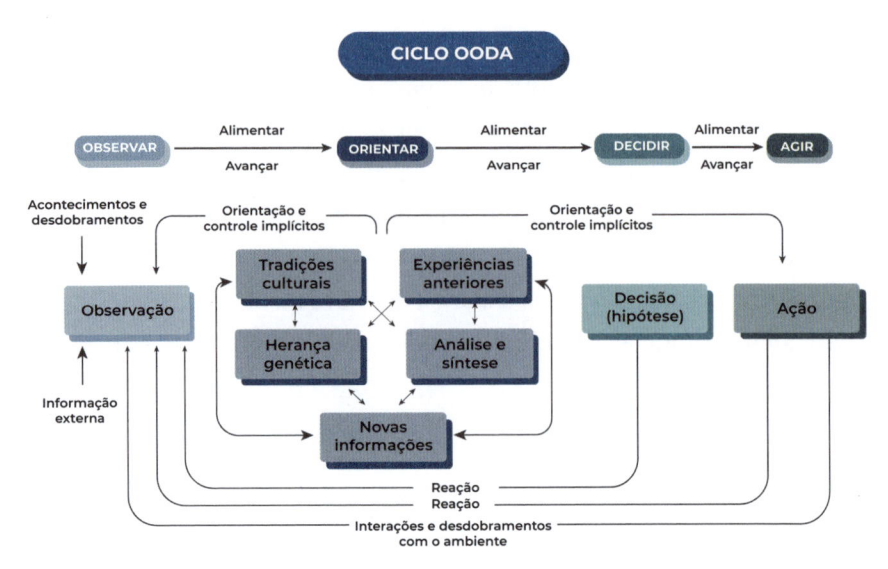

Fonte: gráfico elaborado com base em "John Boyd's OODA Loop".

Diante deste gráfico percebemos que a coisa não é tão simples. Para o idealizador do ciclo, a fase mais importante é a da ORIENTAÇÃO, pois é aqui que está o nível de CONSCIÊNCIA, tanto do operador quanto do adversário. Essa etapa vai estar ligada a alguns fatores:

✓ **Tradições culturais:** o que você possui como bagagem? Culturalmente falando, em que nível foi o seu adestramento? O que foi deixado de legado que possa servir como um norte para aquilo que você pretende executar? São questionamentos que influenciarão na tomada de decisão quando você se deparar com algum tipo de evento. Aquele que tiver o maior leque possível de probabilidades vai sair na frente quando observar comportamentos já conhecidos.

✓ **Herança genética:** esse tópico, no meu entendimento, está atrelado às tradições culturais, pois o que você carrega em seus genes tem a ver com aquilo que seus ancestrais vivenciaram e foi passado de indivíduo a indivíduo. Algumas pessoas vão ter mais facilidade em determinados tipos de atividades. Isso fica muito claro em atletas de alto rendimento, como, por exemplo, jogadores de basquete, que são altos e têm habilidades específicas desenvolvidas. Alguns chamam isso de dom. Já devem ter ouvido comentários do tipo: "Fulano tem o dom para a música." Lembra da história do lobo e do cão pastor? Ambos possuem os mesmos dons!

- ✓ **Experiência anterior:** este cenário ou evento é comum a você? Já viveu algo parecido? Obviamente que quem está acostumado a viver determinados conflitos, ao observar a repetição de alguns eventos, conseguirá se orientar melhor no terreno. Consequentemente, as respostas para esses indivíduos serão bem mais velozes do que para aqueles que estão passando por essas experiências pela primeira vez.
- ✓ **Análise e síntese:** o que você tem treinado? Quais são os contextos estudados? O que você aprendeu? Aqui você conseguirá extrair a ideia do que está vendo e montar seus quebra-cabeças.
- ✓ **Novas informações:** o que tem de diferente nesse evento que nunca vivenciei, nunca estudei? Pelo menos se assemelha a algo experimentado?

Vale lembrar que esses tópicos acima explicados por Boyd estão dentro da etapa "orientar" (exposta no organograma apresentado). Esses fatores podem ser suprimidos, fazendo com que o operador parta de uma fase para outra, como, por exemplo, ir da fase "observar" direto para a fase da "ação", ou ainda, da "observação" para a "decisão" e assim por diante.

Vou acrescentar uma coisa que aprendi ao longo de uma carreira de 27 anos de polícia na ponta da lança, somados a 20 anos dedicados a instruções de tiro e táticas operacionais. As técnicas e procedimentos não são aprendidos e desenvolvidos no estande de tiros. Eles nascem no terreno, no combate real, onde operadores de verdade passam por dificuldades e que, para saírem vivos, criam medidas que nunca tinham pensando antes e se adaptam. Até porque o inimigo sempre armará uma cilada nova para você cair e ser derrotado. Sua missão é se desdobrar no terreno e não permitir que isso ocorra.

De onde eu venho, o coturno está sempre sujo, os uniformes são desbotados e os equipamentos arranhados. Sabe por quê? Porque não temos tempo para sermos diferente. A natureza do serviço é o combate. Aqui criamos, testamos, reprovamos e aprovamos procedimentos em que tropas do mundo inteiro já vieram conhecer. Só que nesse laboratório muitas das vezes o erro é pago com a vida, e nem todo mundo quer jogar esse jogo. Entendo perfeitamente, na internet é mais seguro e contar histórias que nunca viveu para embasar suas teorias é mais fácil; por isso, meu respeito sincero à memória de um combatente aéreo.

Foi no ar combatendo que Boyd pôde perceber que os caças F-86 possuíam uma visibilidade maior que os MIG-15 Russos, que apesar de serem aviões tecnologicamente superiores, estavam em desvantagens em relação aos americanos. Com uma visibilidade maior, Boyd teve como iniciar seus estudos sobre táticas de combate, percebendo que nosso cérebro segue um ciclo, e que ele se repete toda vez que nos deparamos com um evento novo.

Primeiro observamos o que está ocorrendo; em seguida, nos orientamos diante das circunstâncias para depois decidirmos o que vamos fazer e, aí sim, colocar seu plano em ação.

Analise cuidadosamente o organograma completo e você chegará a conclusão que o conceito do LOOP DE BOYD está mais atual do que nunca.

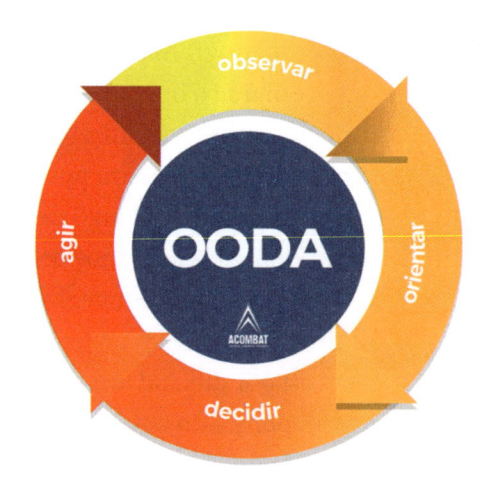

CÓDIGO DE CORES DE JEFF COOPER

Quem foi Jeff Cooper?

John Dean Cooper, ou Jeff Cooper, serviu ao corpo de fuzileiros navais americanos (USMC – United States Marine Corps), onde lutou na Segunda Guerra Mundial, Guerra da Coreia, participando ainda de outros combates pelo mundo.

Autor de diversos artigos e livros no seguimento do esporte e defesa, Jeff Cooper criou uma das modalidades de tiro esportivo mais disputadas no mundo, o IPSC (International Practical Shooting Confederation), além de ter sido precursor de grande parte das técnicas de combate com armas de fogo.

Cooper desenvolveu um sistema simples para diferentes níveis de alerta, o que acaba corroborando com a mentalidade de combate: o Sistema de Cores de Cooper. Esse sistema é um procedimento mental adotado estando ou não armado. Estar alerta pode diminuir o risco de vida, o que colabora com o resultado desejado: ficar vivo.

Pai da pistola moderna, como ficou conhecido, Cooper fundou a "American Pistol Institute", com a finalidade de dar instruções para militares, policiais e civis sobre defesa com armas curtas. No seu entendimento, o uso de pistolas para defesa pessoal deve adotar uma empunhadura com as duas mãos, contradizendo o que mais era empregado à época: empunhadura simples, ou seja, uma das mãos apenas.

A técnica moderna trazida por ele engloba 5 elementos que são empregados até hoje:

1. Uma pistola de grande calibre semiautomática;
2. Postura Weaver;
3. Apresentação da arma;
4. Aquisição rápida de mira;
5. Dois disparos rápidos.

A pistola de preferência de Cooper era a Colt 1911, e para isso criou algumas normas de conduta para o seu uso:

- **Condição 4:** Câmara vazia, sem carregador na arma, cão para baixo, travada.
- **Condição 3:** Câmara vazia, carregador cheio no lugar, cão para baixo, travada.
- **Condição 2:** Uma munição na câmara, carregador cheio no lugar, cão para baixo, travada.
- **Condição 1:** Uma munição na câmara, carregador cheio no lugar, cão armado, travada.
- **Condição 0:** Uma munição na câmara, carregador cheio no lugar, cão armado, destravada.

Não indico o uso da "condição 0" com a arma coldreada, e recomendo total atenção com o coldre adotado, bem como com a condição da trava manual externa. Lembre-se de que equipamentos estão sujeitos a falhas e todo cuidado é pouco. Agora vamos realmente ao que nos interessa: o Código de Cores.

Segundo Jeff Cooper, sobreviver a um confronto armado não está diretamente ligado à arma empregada e às habilidades marciais do operador, e sim à preparação de sua mentalidade de combate.

Bem popularizado, o código de cores está relacionado a um estado emocional que associa níveis específicos de cores de acordo com a consciência situacional do agente. Cooper alerta que o código não tem nada a ver com situações táticas ou níveis de alerta, mas sim com o estado de espírito. Ele ensina que tem relação com o grau de perigo sobre o qual você está disposto a agir, assim permitindo que você passe de um nível de mentalidade para outro de acordo com a situação enfrentada.

O código deixa claro que, ao entendermos como o perigo é processado em nossas mentes, podemos desenvolver métodos de treinamentos mais eficientes. Vamos às cores:

- **Cor branca:** relaxada e inconsciente, totalmente alheia ao que ocorre ao seu redor. Se atacado nesta condição, a única coisa que poderá salvá-lo é a "inequação ou inépcia do seu oponente". Quando permanecemos muito tempo nesse estado mental, acabamos nos acostumando a viver despreocupados e vulneráveis a qualquer tipo de emergência. Costumo dizer em minhas aulas que não devemos andar nas ruas tirando meleca e procurando balão chinês.

- **Cor amarela:** nível de atenção relaxada. Nesse estágio percebemos o que está acontecendo ao nosso redor, porém não existe nenhuma ameaça específica. Percepção é a palavra-chave. Consegue ver quem entra e sai do ambiente no qual você está? Já aprendeu a não sentar à mesa de costas para a rua no restaurante? Você olha para os dois lados da rua para ver se vem algum carro ou até mesmo uma bicicleta? Posso dizer para quem anda armado que é necessário lutar para estar sempre nesse estado de consciência. Essa cor é passível de treinamento. Sabemos quando deixamos a desejar e falhamos em algum procedimento, mas podemos executar o comportamento ideal num próximo evento. Absorva o máximo de informações que o ambiente te oferece e esteja pronto para evoluir o seu estado emocional.
- **Cor laranja:** agora, após analisar as informações absorvidas, você tem um alerta específico. Algo que represente uma ameaça potencial chamou sua atenção. Nesta etapa, começamos a formular algum planejamento para lidar com a ameaça identificada, lembrando que apesar de algo ter chamado sua atenção negativamente, pode não ser uma ameaça real.

  Na cor laranja, tudo o que pode ser já deve ser esperado que seja, e você deve estar pronto para reagir. Surpresas nesta etapa não são mais concebíveis. Esse é o momento em que você define uma contramedida, como "se essa pessoa fizer 'X' eu farei 'Y'", por exemplo. Geralmente, são apenas suspeições, porém seu estado mental não deve ser desarmado até que você e/ou sua família estejam realmente fora de perigo.
- **Cor vermelha:** é a luta propriamente dita. Houve a identificação positiva da ameaça, e você deve agir. Aqui você vai aplicar o que foi planejado na cor laranja, e a violência foi escalada a ponto de colocar você na condição de lutar ou fugir. Estar sob esta condição é extre-

mante estressante e desgastante, gerando nos indivíduos uma exaustão física e emocional terrível. Treinamentos eficazes e contextualizados poderão ajudar a reduzir esses efeitos durante e após o evento crítico.

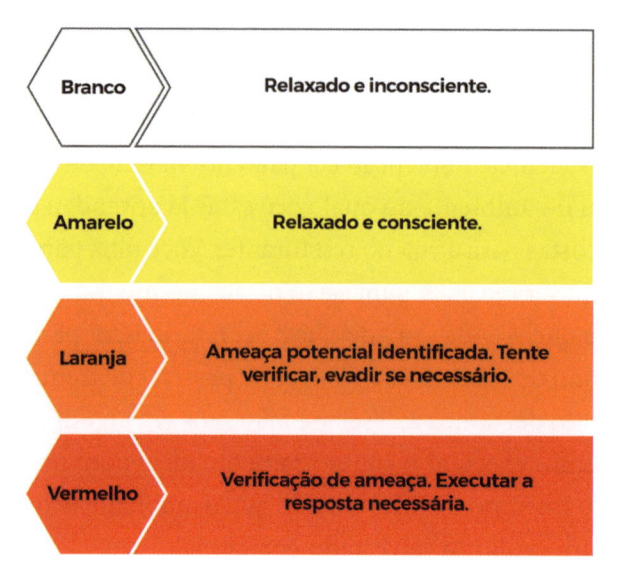

Branco	Relaxado e inconsciente.
Amarelo	Relaxado e consciente.
Laranja	Ameaça potencial identificada. Tente verificar, evadir se necessário.
Vermelho	Verificação de ameaça. Executar a resposta necessária.

CÓDIGO DE CORES DE DAVE GROSSMAN

Vamos conhecer um pouco sobre Dave Grossman, tenente-coronel norte-americano, autor do livro *On Killing* [Sobre matar]. É um livro aclamado, polêmico, que trata sobre os efeitos que sofre quem mata por profissão, como policiais e soldados. O subtítulo do livro é *The Psychological Cost Of Learning to Kill in War and Society* [O custo psicológico de aprender a matar na guerra e na sociedade].

On Killing[9] é leitura obrigatória na Academia do FBI e recomendada em muitas forças militares e policiais norte-americanas. Isso porque matar, ao

---

9 Disponível em: <https://centraldejornalismo.com.br/2020/10/06/o-custo-psicologico-de-uma-profissao-onde-o-trabalho-e-matar-central-de-jornalismo/>.

contrário do que preconiza Hollywood, não é um ato natural do ser humano e gera consequências. Consequências psicológicas graves, que os entusiastas do "bandido bom é bandido morto" desconhecem ou preferem ignorar.

Em sua obra *On Combat*, o autor traz um estudo detalhado, baseado em entrevistas, depoimentos e pesquisas sobre pessoas que estiveram no campo de batalha. Grossman apresenta o livro para policiais, militares e para os guerreiros da paz — título que ele deu aos enfermeiros e médicos de combate. Para ele, os guerreiros da paz deveriam dominar o combate, assim como os bombeiros estudam e dominam o fogo.

"Espero que este livro seja útil para os espíritos gentis, decentes e perspicazes do movimento pela paz." — Dave Grossman.

Antes de avançarmos para como Grossman abordou seu código de cores, precisamos ter uma noção da base do seu estudo. Como já vimos anteriormente, o corpo humano responde fisiologicamente e de forma diferente da normalidade diante de um estresse extremamente alto. Segundo o autor, teremos um foco mais nítido, clareza visual, tempo de câmera lenta, paralisia temporária, dissociação e pensamentos intrusivos.

Um alerta vermelho relacionado a estresses pós-traumáticos (EPT) é quando o operador sofre de dissociação, que é um distanciamento da realidade físico e emocional. Pesquisas feitas no pós-Segunda Guerra Mundial apontam que os militares sofreram mais de causas psiquiátricas do que físicas. Grossman afirma que cerca de 98% dos indivíduos que lutaram por mais de 60 dias consecutivos apresentaram colapso emocional.

Ao ser acionada a condição de luta e fuga, o sistema nervoso simpático aumenta a produção de epinefrina (adrenalina). Ao terminar o evento crítico, o corpo precisa se acalmar, e é então que entra em ação o sistema nervoso parassimpático, responsável pela manutenção corporal basal. Quando ocorre a queima total de adrenalina devido às longas horas de exposição ao estresse, os soldados ficam exaustos e adormecem.

Para Grossman, o aumento da frequência cardíaca em resposta ao medo está diretamente ligado às deteriorações fisiológicas que afetam todo o sistema cognitivo. Segundo ele, quando a frequência cardíaca ultrapassa 175 batimentos por minuto, o combatente entra na cor **preta**, condição que traz alterações fisiológicas como a vasoconstrição, responsável por diminuir a quantidade de oxigênio que chega ao cérebro, o que faz com que o mesencéfalo assuma o controle da situação, colocando o combatente em um estado quase incapacitante.

Com base nesse resumo, vejamos o quadro a seguir:

Modelo unificado de estresse e performance

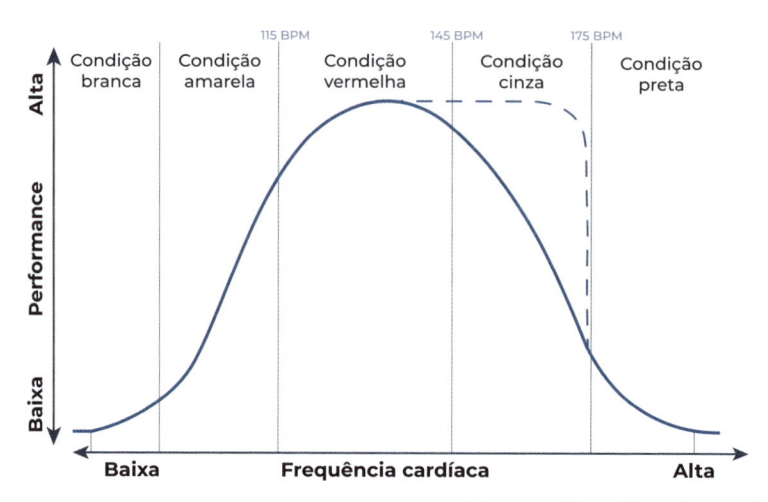

[Gráfico: eixo Y "Performance" (Baixa a Alta), eixo X "Frequência cardíaca" (Baixa a Alta). Faixas: Condição branca, Condição amarela (115 BPM), Condição vermelha (145 BPM), Condição cinza (175 BPM), Condição preta.]

Fonte: gráfico elaborado com base em "Unified Model of Stress and Performance". *On Combat*, Dave Grossman.

- **Condição branca:** o guerreiro em repouso. (FC de repouso normal)
- **Condição amarela**: preparado psicologicamente para o combate. Guerreiro em condições. (FC em repouso — 115 bpm)
- **Condição vermelha**: sobrevivência ideal do guerreiro — habilidades motoras grossas, tempo de reação visual, tempo de reação cognitiva. Pico às custas das habilidades motoras finas. (FC 115-145 bpm)
- **Condição cinza**: fase de transição entre a condição vermelha e preta, que pode ser modificada com treinamento. (FC 145-175 bpm)
- **Condição preta**: colapso catastrófico do desempenho mental e físico. (FC > 175 bpm)

No gráfico, percebemos um "u" invertido, que, na verdade, faz menção à "Teoria do U Invertido de Estresse e Desempenho", escrita por Robert M. Yerkes e John Dillingham.

Segundo pesquisas do autor, atletas apresentavam variações em diversas habilidades motoras de acordo com o nível da frequência cardíaca por conta do estresse induzido. Quando a frequência cardíaca ultrapassa 115 bpm, já temos o início da deterioração da coordenação motora fina, porém quando os batimentos estão entre 115 e 145 bpm, as habilidades motoras complexas e o sistema cognitivo estão no pico de seu aproveitamento. Entende-se como habilidades motoras complexas aquelas que se equiparam a jogar bola, por exemplo.

A partir dos 145 bpm, começa a perda das habilidades complexas, mas ainda temos um bom aproveitamento das habilidades motoras grossas, que são as que exigem força e velocidade, tais como correr, pular, empurrar e puxar. O problema é quando ultrapassamos o limite dos 175 bpm. De acordo com os pesquisadores, há uma queda de performance absurda em todas as tarefas especializadas, a ponto de atingir um colapso físico e cognitivo.

Apesar do estudo ter sido inicialmente voltado para atletas de alto rendimento, pesquisadores e estudiosos táticos e de combate já vêm adotando a teoria para melhorar as ações dos seus combatentes e policiais em campo.

Quando o assunto é treinamento de tiro, sempre surge a dúvida quanto à necessidade de se realizar pistas de tiro sob estresse físico e/ou psicológico. Porém, ao longo da minha jornada, pude perceber o quanto é difícil trabalhar o efeito do estresse psicológico dependendo do nível do atirador, circunstância que acontece porque determinadas induções surtem efeito em um cidadão comum, mas quando vamos treinar operadores especiais, não funcionam. A experiência e a capacidade psicológica dessas pessoas são muito mais resistentes à pressão. Outro fator que também ajuda a prejudicar esse tipo de aplicação de exercício é o vazamento da atividade proposta, que já faz com que a ansiedade diminua drasticamente, quase não afetando o atirador.

Aonde eu quero chegar com você, caro leitor(a), é que dificilmente conseguiremos induzir um efeito psicológico que cause a sensação de possibilidade de morte do(a) camarada em questão. Principalmente porque atividades que envolvem o tiro exigem regras de segurança, e você não vai querer um cara abalado emocionalmente com uma arma carregada nas mãos.

Outra forma de se buscar uma queda de performance é através do estresse físico, que, de longe, por questões fisiológicas, não chegará ao ponto de apresentar os resultados negativos da excitação do estresse de um encontro com uma força letal. Mesmo assim, ajuda a entender alguns efeitos como, por exemplo, a perda de coordenação motora fina. Conhecendo a tabela de Grossman, você vai conduzir um treino mais efetivo dentro das zonas de frequências cardíacas apresentadas, lembrando que ajuda, mas está longe do ideal. A busca para aplicar um treinamento com induções estressoras psicofisiológicas é um baita desafio para as equipes de instrução. Para fechar, podemos perceber que Cooper aborda o estado mental do sujeito, enquanto Grossman aborda o tema sobre o aspecto fisiológico e psicológico.

PROTOCOLO WYATT[10] "FAST"

- **Fight**: lutar;
- **Assess**: avaliar a neutralização da ameaça;
- **Scan**: varrer e buscar;
- **Tac-load ou Top-off gun**: arma pronta.

Estamos falando de um protocolo que foi largamente difundido durante a década de 1990 e, com o passar do tempo, foi sendo atualizado, trazendo mais "2Ts" para a fórmula.

---

10 Disponível em: <https://www.recoilweb.com/monday-morning-gomez-the-wyatt-protocol-61017.html>.

- **Take cover**: proteja-se, procure por abrigos;
- **Talk to who needs talk to**: fale com quem precisa falar, comunique-se.

Em 2005, foi adicionado à expansão dos "Ts" o componente médico:

- **Top down check**: verificar de cima a baixo à procura de ferimentos.

Seguindo um fluxo lógico para o último "T" do protocolo, Dr. Keith Brow desenvolve um sistema de fácil verificação do componente médico em campo tático, os "5Bs":

- **Bad guys**: homens maus, quem já foi meu aluno ou aluna vai lembrar desta frase: Mostre-se VIVO!
- **Bleeding**: sangrando?
- **Breathing**: respirando?
- **Brains**: cérebro?
- **Body**: corpo?

É importante frisar que o protocolo não precisa seguir a ordem apresentada, pois não é uma lista a ser seguida passo a passo. Por exemplo, você pode se comunicar enquanto está recarregando ou procurando por abrigos. Existem alguns questionamentos a respeito da aplicação do protocolo, e não vou perder meu tempo criticando ou falando da forma que outros profissionais fazem. Eu carrego uma máxima comigo, a de falar apenas do que eu faço, a forma e o método que adoto. Então vamos adiante!

Quando nos deparamos com uma ameaça e a luta é inevitável, faremos o possível para sairmos vivos desse confronto. Até aqui, quero acreditar que concordamos e estamos todos juntos. O problema começa quando passamos para a etapa de checar a queda e neutralização da ameaça (*Assess*). Permita-me contextualizar:

Imagine você numa loja de conveniência sozinho(a) quando entram três marginais. Digamos que você conseguiu sacar sua arma, travando um embate com a ameaça número 1. Começa aquela correria e gritaria. Eu te pergunto:

Você se certifica de que a ameaça número 1 está neutralizada ou transfere seu foco e seus disparos para as ameaças 2 e 3? Você fica parado com a sua arma conectada e apontada para a ameaça caída até ter a certeza de sua neutralização para então partir para as outras ameaças?

Acho que não é aconselhável, né? Eu não faço dessa forma. Enquanto tenho alvos em condições ativas e ameaçadoras, mantenho minha arma neles. Em seguida, já estou na busca por novas ameaças, por abrigos melhores, procurando manter minha consciência situacional bem ativa. Afinal de contas, posso estar com minha família e quero mantê-la sob minha vista e orientada.

Um outro contexto é uma equipe tática. Por exemplo, três operadores, ao passarem por uma porta, irão possuir cada um uma área de responsabilidade. De forma bem simplificada e sem nos debruçarmos em qualquer tipo de variação tática, o operador 1 vai para esquerda, enquanto o operador 2 garante a direita, tendo ainda o operador 3 apoiando e completando o centro, podendo auxiliar o número 1 ou 2.

Agora imagine que o operador número 1 engaje um confronto com uma ameaça em potencial. Ele terá todo tempo para neutralizar essa ameaça e acompanhar sua queda, pois suas costas estão, teoricamente, resguardadas pelo operador 2, e ainda, caso precise de ajuda, tem o operador número 3 à disposição. Já no contexto número 1, é você por você, pois ninguém irá ajudá-lo(a). Por isso, é necessário você estar em condições de tiro (nada de arma conectada em têmpora), se movendo (abrigos) e mantendo uma comunicação efetiva, caso seja necessário. Lembrando que é falando teoricamente, ok? O combate é dinâmico e tudo pode acontecer!

Outro ponto divergente é quanto à funcionalidade da arma. A dúvida mais comum é se a arma estiver em pane, quando se deve realizar o escaneamento do ambiente. É preciso lembrar que caso encontre uma nova ameaça, você não estará em condições de neutralizá-la, certo? Mas eu vou dizer o que fazer para evitar este cenário.

Ter uma arma boa, manutenida e com munição original de fábrica é o básico. Falo isso porque não treino técnicas que priorizam panes em detrimento de uma boa velocidade e praticidade, porque pane é uma exceção à regra. Ela pode e vai acontecer, porém não é comum. Não compare um treino em boas condições com aqueles que se utilizam de recargas malfeitas e com a arma suja no decorrer do treinamento (outra dica que deixo é trabalhar com a arma na altura do nariz, mas isso eu explico no capítulo sobre posturas com a arma). Você vai conseguir, na maioria das vezes, dominar seu equipamento, e, caso não seja o suficiente, ao tracionar o gatilho para um próximo disparo, adote ações imediatas de saneamento de panes. O que estou tentando dizer é que você pode inserir na fase de escaneamento a checagem das condições de arma. Percebendo uma alteração do tipo chaminé ou ferrolho aberto, vai poder adotar a imediata medida corretiva, não sendo o caso de iniciar o processo de troca tática de carregadores. Fique tranquilo, pois abordarei à frente, de forma mais detalhada, esse assunto na parte de panes.

É interessante compartilhar com vocês porque quero que pensem a respeito do momento de procurar abrigo (*take cover*). Com o tempo, e não foi lendo livros, aprendi que você até pode se deparar com uma situação que traga a necessidade de uma resposta de luta em primeiro plano, mas se abrigar o quanto antes é primordial. Toda vez que vi alguém combater para se abrigar, a pessoa acabou se machucando. A máxima que carrego é ABRIGUE-SE PARA COMBATER, sempre que possível, é lógico, mas não COMBATA PARA SE ABRIGAR.

Outra dúvida que paira no ar é quanto aos "5Bs" de Dr. Keith Brow, que podem ser adaptados para a utilização do protocolo MARCH extraído das diretrizes do TCCC — *Tactical Combat Casualty Care*.

Vejamos o que significa o acrônimo MARCH:

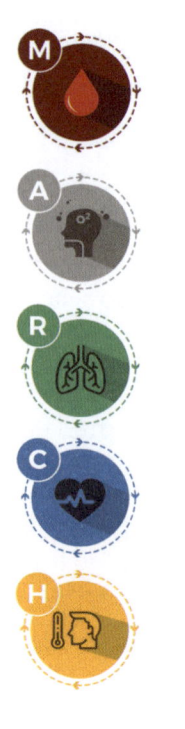

- **M** = contenção de hemorragias massivas;
- **A** = manutenção das vias aéreas;
- **R** = respiração;
- **C** = circulação;
- **H** = hipotermia e lesões cranioencefálicas.

Até o momento, já realizei, junto com minha equipe — porque ninguém faz nada sozinho —, quatro socorros em que foi utilizado o protocolo MARCH em lesões por arma de fogo de alta velocidade. Espero não ter a infelicidade de ter que fazer mais um atendimento como socorrista operacional. Sou formado pelo Curso de Socorrista Operacional do BOPE-RJ, o "Curso Santo Expedito", além de ter na grade de cursos da ACOMBAT, o módulo de APH EM COMBATE. Parei aqui para fazer esse comentário para deixar claro que conhecer esse protocolo é **obrigatório** para quem possui uma arma de fogo, seja em casa, no trabalho ou no esporte. Ainda vou mais longe; o protocolo MARCH vem salvando vidas pelo mundo inteiro, desde acidentes de automóveis até ocorrências domésticas. Conheça-o a fundo, tenha os equipamentos em mãos e esteja pronto para utilizá-lo.

Para finalizar, vejamos o que significa o acrônimo FASTTTT:

- **Fight:** lutar;
- **Assess:** avaliar a neutralização da ameaça;
- **Scan:** varrer e buscar;
- **Tac-load ou Top-off gun:** arma pronta;
- **Take cover:** proteja-se, procure por abrigos;
- **Talk to who needs talk to:** fale com quem precisa falar, comunique-se;
- **Top-down check:** verificar de cima a baixo à procura de ferimentos, leia-se MARCH.

PROTOCOLO O3R

Durante minhas pesquisas, conheci o protocolo O3R[11] em 2016 lendo um artigo do seu criador, Rob Pincus. O estudo foi publicado pela *PDN — Personal Defense Network*.

Rob publicou dezenas de artigos e é autor de vários livros, incluindo *Defensive Shooting Fundamentals* (2018), *Defend Yourself* (2014), *Counter Ambush* (2012), *Combat Focus Shooting* (2006), *The Training Log Book* (2008) e *Combat Focus Shooting: Evolution 2010* (2010). Além disso, é o desenvolvedor da série de DVDs *Personal Defense Network*.

O que significa O3R? Como funciona sua aplicação? A teoria, defendida por Pincus, trata de uma abordagem para eventos de autodefesa especialmente **inesperados**. Segundo ele, ao entender como aplicar suas habilidades diante de um cenário inesperado, você saberá nortear seu treinamento de

---

[11] Disponível em: <https://www.personaldefensenetwork.com/video/trained-response--for-self-defense-009380/>.

forma mais efetiva, devendo não só dominar tais valências, mas também descobrindo como aplicá-las na prática. Vamos à sua teoria:

"*Observação: a primeira coisa que acontece em um evento é uma observação. Algum estímulo chega ao corpo. Pode ser um estímulo tátil, visual ou auditivo. A observação pode ser algo em que você está prestando atenção ou pode ser algo fora de sua área de foco e assusta você, que é o pior cenário.*

Reação: este passo é muitas vezes deixado de lado por pessoas que acreditam que passarão diretamente da observação para o reconhecimento. Rob acredita que isso é um erro e que a fase de reação definitivamente ocorre, especialmente em eventos onde as pessoas se assustam, e, por isso, deve ser integrada à sua prática. Essas reações naturais podem incluir abaixar o centro de gravidade, mover as mãos para cima, fechar os olhos e elevar a frequência cardíaca.

Reconhecimento: isso significa reconhecimento do que você precisa fazer.

Resposta: depois de reconhecer o que deseja fazer com base na observação, você responde adequadamente com base no seu treinamento. Entender como colocar em prática suas habilidades treinadas aprendidas é uma grande parte da preparação para um evento de autodefesa."

Bem, o que ficou claro para mim com esses trechos apresentados é que temos dois momentos distintos: um quando a ameaça é repentina, causando inclusive o susto, e outro momento em que você consegue observar a alteração prestando a atenção nos acontecimentos. Acho pouquíssimo provável alguém prestar atenção em algo sem entrar no ciclo OODA. Se eu observo e dou importância para aquela informação coletada, automaticamente já vou pensar qual medida adotar.

Em contrapartida, quando ele fala em reações instintivas, entendo que está se referindo às reações de sobressalto que já discutimos aqui: proteger o corpo e fechar os olhos quando algo vem em sua direção de forma muito rápida — são exemplos de reflexos inconscientes e naturais de defesa do nosso organismo.

De acordo com este artigo, quando o autor fala em reconhecimento, deixa claro em **reconhecer o que precisa ser feito** que o indivíduo está em busca de respostas dentro do seu rol de técnicas aprendidas ou vividas. O que entendemos por instinto e intuição? Vejamos de forma bem simples:

Instinto versus Intuição:
"Enquanto o instinto é um ato impulsivo, a intuição está ligada ao entendimento de algo, uma apreensão, um insight sobre um conteúdo inconsciente e não necessariamente de expressão comportamental repetitiva."

Expressões Inconscientes
"Instintos e intuição,[12] portanto, são expressões inconscientes, sendo o instinto um comportamento inato característico de uma espécie, de um coletivo, e a intuição, é um arquétipo de apreensão, uma habilidade de percepção de um conhecimento, uma informação. Na prática, são manifestações muitos semelhantes. A meu ver, o ato de amamentar um filho, por exemplo, é instintivo, por ser algo da espécie, mas saber que o seu bebê está com fome é uma intuição, ligada ao instinto materno de cuidado e proteção."

Com uma abordagem mais profunda em seu livro, o autor explica que o O3R[13] é aplicado **a confrontos de baixa intensidade e de curta duração**:

- Observe: é a informação não cognitiva coletada, ou seja, sua percepção do ambiente, sem processo de consciência;
- Reaja: é a reação natural instintiva, baseada num instinto de proteção ou de sobrevivência;
- Reconheça: reconhecer padrões nos levam a uma resposta intuitiva, e neste ponto sobressai o nível de treinamento, pois a prática realizada dentro de um contexto condicionará a resposta;
- Responda: todo o estímulo aprendido desencadeia uma resposta aprendida, que depende de nossas crenças e experiências. Aqui, a resposta é intuitiva, automatizada e sem o processo cognitivo. (PINCUS, 2014).

Enfim, estamos diante de uma abordagem complexa que traz uma linha muito tênue entre instinto e intuição, onde o autor relaciona habilidades condicionadas ou automatizadas a respostas intuitivas. Acredito que estamos

---

12 Disponível em: <https://www.jungnapratica.com.br/qual-a-diferenca-de-intuicao-e--instinto/>.
13 Rob Pincus. *Defend Yourself: A Comprehensive Security Plan for the Armed Homeowner*, 2014.

diante de interpretações que possam ser divergentes em relação ao momento da aplicação do ciclo de OODA e do O3R. A grande diferença que percebo é se o tempo e as condições são favoráveis a uma reação planejada ou não. Distância do agressor, múltiplas ameaças e abrigos fazem uma diferença absurda para decidirmos qual teoria será aplicada. A teoria O3R é bem recente em relação ao que já foi estudado e lapidado do ciclo de OODA, e teremos, ao longo dos anos, muitos desdobramentos sobre o tema.

O ser humano é uma máquina complexa, e o que sabemos sobre o nosso cérebro é pouco ou nada perto de onde podemos chegar. Por esta razão, fica muito difícil bater o martelo definindo sobre o que é ou deixa de ser permanente. O que importa é manter-se atualizado sempre. Minha missão através deste livro é fazer você refletir e chegar às suas próprias conclusões.

PLANEJAMENTO DE MCRAVEN

William McRaven encerrou sua carreira militar após 37 anos de serviço prestado à Marinha americana como almirante de quatro estrelas. Navy Seal, participou de diversas missões de operações especiais ao redor do mundo. Em seu livro *Spec Ops: Case Studies in Special Operations Warfare: Theory and Practice* (1996), ele deixa clara a importância da simplicidade no sucesso de qualquer planejamento operacional.

Quando falamos em fazer algo simples no campo estratégico, tático e técnico, sabemos que não é uma tarefa fácil. Quanto mais complexa for a ação no objetivo, mais difícil ainda será executar a esfera logística. E como trabalhar esse limite? O autor aborda, em uma ordem de prioridades, seis princípios que devem ser observados para o sucesso da missão:

- Simplicidade;
- Segurança;
- Repetição;
- Surpresa;
- Rapidez;
- Propósito.

Não foi por acaso que McRaven iniciou os princípios trazidos por ele pela simplicidade. Para o autor, a simplicidade é o item mais importante de todos. Vejamos um trecho do seu livro:

"Simplicidade é o mais crucial e algumas vezes o princípio mais difícil de cumprir. Como se faz um plano simples?" — McRaven, 1996

Segundo ele, ao trabalhar o conceito da simplicidade em um plano de sucesso, você tem três elementos críticos:

- Limite de objetivos;
- Boa inteligência;
- Inovação.

Tais elementos são simples de serem entendidos ou não? Não são tão simples assim, para nossa desgraça.

Quanto mais missões você tiver que executar dentro de uma mesma ação, seu planejamento será mais atribulado e de difícil controle. Se sua inteligência não te passar boas informações, as equipes poderão se deparar com surpresas desagradáveis no terreno. Vejamos o organograma criado pelo autor:

Princípios das Operações Especiais

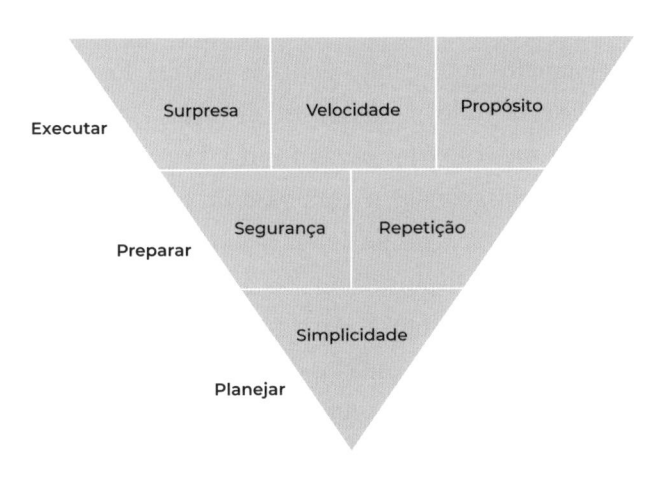

Fonte: gráfico elaborado com base em *Spec Ops*, William McRaven.

No meio tático operacional é muito comum ouvir o termo "superioridade relativa", que é quando você consegue subjugar o inimigo, mesmo que ele tenha um efetivo maior que o seu, pois você o domina em razão das suas qualidades técnicas, táticas e equipamentos, por exemplo. Observando o organograma, percebemos que temos três fazes distintas: plano, preparação e execução. Cada fase possui suas especificidades:

1. Plano: simples;
2. Preparação:
   - Segurança;
   - Repetição.
3. Execução:
   - Surpresa;
   - Velocidade;
   - Propósito.

Tente aplicar esses conceitos em sua vida pessoal, familiar e profissional. Vou trazer para você, por exemplo, nosso curso de combate velado. O programa segue esses pilares para o desenvolvimento das técnicas que estudei e experimentei ao longo dos anos. Porto armas de fogo desde 1999 em um estado onde os policiais são caçados nas ruas e executados. Não é novidade para ninguém que o Rio de Janeiro já teve mais policiais mortos do que soldados em guerra declaradas. Usei de tudo! Arma dentro de meias, coldres de neoprene, formas diferentes de condução e limpezas de área. Depois de anos de testes e experiências desagradáveis, consegui, com base em estudos de biomecânica, comportamentos sociais e técnicas de defesa pessoal, desenhar e desenvolver as principais formas de condução e limpezas de área utilizadas atualmente por diversos profissionais e instrutores. Por isso, hoje me sinto confortável em adaptar meus conhecimentos aos estudos dos autores apresentados.

Você quer uma técnica de fácil execução para ter um ganho na precisão e na velocidade dos movimentos. Quando falamos em um procedimento simples, ganhamos também na segurança e temos ainda a facilidade de automatizá-lo, ou seja, repeti-lo até que seja alcançada uma performance marcial. Portanto, se é simples, aumenta a chance de ser aplicado de forma fortuita, aproveitando o elemento surpresa. E o propósito? É onde eu entro com a mudança comportamental. O que te mantém vivo? Eis a questão para te mover numa luta com armas.

CONCLUSÃO DO CAPÍTULO

Após passar anos estudando sobre diversos tipos de protocolos, ciclos e teorias, percebi que tudo tem base e fundamento na neurociência e nas teorias e pesquisas sobre aprendizagem motora — sobre as quais aprendi bastante através do livro *Aprendizagem e performance motora, dos princípios à aplicação,* dos autores Richard A. Schmidt e Timothy D. Lee. O ser humano é complicado e metido a espertalhão, cria e inventa teorias do passado dando uma repaginada no processo, mudando, muitas vezes, somente o nome da técnica, e ainda passa a se intitular criador daquilo que já foi criado.

    A minha continência vai para aqueles combatentes que, ao longo da história, se tornaram pesquisadores porque lidaram diretamente com o cheiro de sangue e pólvora, passaram por dificuldades e desafios em campo, quase morreram e ainda viram a vida de seus irmãos serem perdidas em batalhas reais. Esses foram atrás de respostas para salvar vidas e tentar não morrer na próxima batalha. Nenhum deles fez o que fez ou faz por likes, poder, status ou dinheiro. É necessário separar esses guerreiros dos meros fuçadores de internet, que traduzem textos e os apresentam como sendo uma poção mágica para trazer vida a um confronto armado. Ainda tem os policiais, militares e cursados de tudo o que é tipo de curso que existe, que nunca botaram a cara para nada. Fazem um curso e logo se escondem atrás de uma camisa de instrutor para ficar replicando histórias vividas por combatentes reais, dando crédito a seus programas de treinamento. Enfim, esses são apenas outros.

    Vou apresentar aqui como concluí minha linha de raciocínio em cima das teorias dos respeitados autores anteriormente. Esse quadro foi apenas uma interpretação pessoal do meu entendimento, aliado às minhas experiências pessoais e funcionais. Siga as setas que ligam as iniciais de cada palavra utilizada em cada código. A cor está relacionada à palavra também. Perceba que, apesar de momentos distintos, em alguns casos, entre um código e outro, todos estão interligados, e o que diferencia é a interpretação dada de cada autor.

Por isso, afirmo que a base está na neurociência e nos estudos comportamentais, pois praticamente todos possuem a mesma linha de raciocínio. O quadro está aí e deve ser aprimorado e discutido. Desafio lançado e avante no reino!

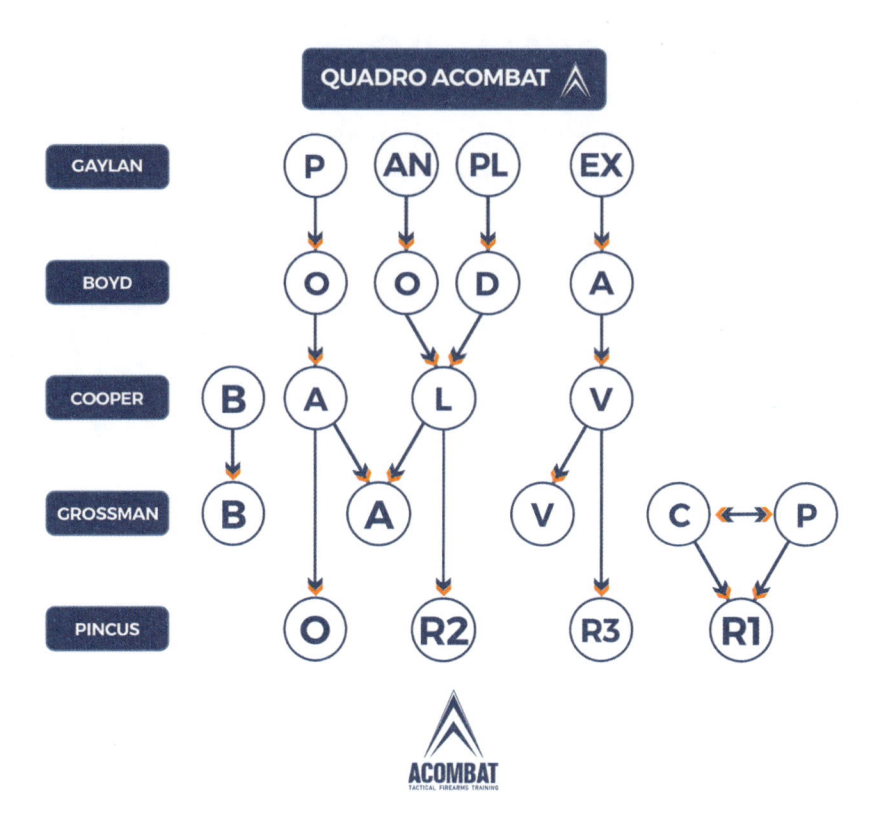

QUADRO ACOMBAT

	P	AN	PL	EX	
GAYLAN	↓	↓	↓	↓	
BOYD	O	O	D	A	
COOPER	B	A	L	V	
GROSSMAN	B	A		V	C ↔ P
PINCUS	O	R2		R3	R1

6

EQUIPAMENTOS

Falar sobre equipamentos é um assunto delicado. Primeiro pela imensa oferta de produtos no mercado, segundo por conta da qualidade, que tem relação direta com o valor. Quanto melhor o aparato for, mais caro ele é, e nem todos têm uma boa condição financeira para ter o melhor equipamento. Fatores que, somados à falta de conhecimento sobre a empregabilidade do material, à vaidade do ser humano e à sua necessidade de pertencimento, agravam essa guerra.

Quando falamos sobre equipamentos, gostaria de dividir uma experiência apreendida na época em que servi ao Corpo de Fuzileiros Navais. Existem materiais, bem como armamentos, que são de emprego individual ou coletivo. Essa divisão vai estar diretamente ligada à finalidade do armamento e/ou equipamento. O FAL 7.62 (Fuzil Automático Leve), por exemplo, é de emprego individual, já a MAG .762 (Metralhadora de Apoio Geral) — que tem a possibilidade de ser fixada em aeronaves, embarcações e veículos, terá um emprego coletivo. Seguindo o mesmo raciocínio, esta é a diferença entre um colete balístico (individual) e um escudo que protegerá toda a equipe. Podemos ainda falar, superficialmente, sobre um fuzil de assalto e seus aparelhos óticos em relação a um fuzil de precisão e sua luneta.

Logo, com base nesse conceito e com o seguinte critério de avaliação, você poderá escolher melhor o seu material:

- Esporte ou defesa;
- Policial, militar ou civil;
- Arma curta, longa ou ambas;
- Ambiente operacional;
- Natureza do confronto armado.

Se avaliar e levar a sério esses tópicos, você vai conseguir, desde o início, pensar na escolha dos equipamentos ideais de maneira mais precisa. Isto quer dizer que a escolha estará pautada no respeito à sua realidade local e financeira, e também na ideia de que você vai adquirir aquilo que realmente precisa. Desta forma, vai investir em uma boa arma e em uma boa munição que farão diferença não só no seu treinamento, bem como na vida real.

Desculpe-me a franqueza, mas não posso deixar de registrar que não entra na minha cabeça adquirir um *red dot* que custa mais do que uma arma de boa qualidade. Se juntar a lanterna gringa e o *red dot* da NASA, você compraria uma arma de excelente qualidade e estaria muito bem. Porém, ao encarar o treinamento, você iria ter que enfrentar o fato de que não tem dinheiro suficiente para dar 100 disparos. Não consigo entender esse tipo de escolha, ou melhor, entendo sim, e vou explicar mais adiante — afinal, já testemunhei muita fanfarronice e quero me divertir contando para vocês!

Através do compartilhamento de informação é que conquistamos o conhecimento. O problema é como a informação chega para o(a) aluno(a). Existem muitos vendedores de fumaça que apostam suas vidas em coisas supérfluas, apenas para passarem uma impressão de poder e status, ou até mesmo para vender cada vez mais cursos e treinamentos. Esse fenômeno ocorre com muito mais frequência no campo da defesa do que no esporte, por isso você precisa estar atento(a).

No esporte, você não vai ver o atleta com uma ótica, gatilhos preparados, funil e outros acessórios, por exemplo, se ele pertencer à categoria *production*. É a regra. Se quiser usar, o atleta que mude de categoria. Já no mundo da defesa, meus irmãos e irmãs, tem de tudo. O lance é ficar bonito para os *flashes*, usar lenços no pescoço dentro do estande fechado, e por aí o sujeito caminha usando a imaginação.

Outro exemplo é a nova moda no mundo do tiro: *red dots* em pistolas e LPVO nos rifles. Se estou colocando aqui no livro é porque sou bombardeado diariamente com perguntas a respeito, então vamos lá! Se sua pistola é de ótima qualidade, a ponto de elevar seu nível como competidor, ou a ponto de depositar sua vida nessa arma, podemos pensar em acessórios para ela. A primeira pergunta a se fazer é se seu nível como atirador esportivo já está em condições de concorrer com os atiradores mais experientes. Se a resposta for sim, escolha um *dot* compatível com sua realidade e aprenda a usá-lo, porque seu tiro mudará completamente. Não deixe de treinar para isso. É oportuno lembrar da frase de Lazlo Polgar: "Um gênio não nasce; é educado e treinado."

Agora vamos mudar o foco para o policial ou o militar com equipamento de serviço. Pistolas standard, por exemplo, são maiores e têm a missão funcional de buscar, prender e neutralizar criminosos, e também pode ser que realizem abordagem de pessoas, edificação ou veículos. Os contextos possíveis são intermináveis, mas trago o exemplo mais agudo, o de um confronto barricado. A natureza dessa situação permite tomadas de decisões em que você conseguirá explorar o *dot* para um tiro mais longo e colocado (distâncias diversas). No caso de estar abrigado numa parede, por exemplo, vai poder ver o ponto vermelho na sua ameaça, assim como fazem os competidores que estão atuando em sua zona de conforto. Afirmo com tranquilidade este caso, porque uso holográficos em confrontos armados repentinos desde 2008 e sei do que estou falando.

Outra realidade é a defesa no dia a dia. Quais as distâncias mais corriqueiras para um confronto armado urbano? Considerando as variações de doutrina, pode ser de, no máximo, 10 metros e, no mínimo, de 0 metro. Zero porque o agressor está tocando em você. Costumo falar nas linhas de combate velado que, em 3 metros e em 3 segundos, quem não caiu está correndo. Espero de coração que você seja o(a) corredor(a), até porque eu não iria travar um combate sem saber quantos marginais ainda podem estar no terreno. Se já consegui sair do primeiro embate, não seria inteligente da minha parte, estando sozinho e com recursos limitados, me envolver em um novo.

Em minhas linhas, não incentivo ninguém a buscar engajar confrontos desnecessários. Voltar para casa vivo é a missão do dia. Ir caçar é a maior piada que alguém que nunca caçou de verdade pode te contar. As caças aqui atiram de volta, e ficar piscando lanternas e se divertindo com fatiamentos imaginários está completamente fora do contexto.

Imagine a seguinte situação: um pai que reage a um assalto, em vez de retrair extraindo sua família, ainda os larga para ir travar o confronto. Sabe quando isso vai acontecer na vida real? Na minha opinião, nunca, pois o instinto protetor falará mais alto. Vou te lembrar de um ditado repetido por minha avó na minha adolescência: "O cemitério está cheio de brabos."

Saindo da zona dos absurdos, voltemos aos *dots*. Nas situações de confronto urbano, acredite em mim, você não verá nada a não ser a ameaça, que ainda podem ser várias para agravar o cenário. Seu foco vai estar diretamente ligado àquilo que você quer acertar e seu engajamento arma-alvo será por alinhamento cinestésico, através de movimentos proprioceptivos. Conclusão: distâncias curtas e um aparelho que não será utilizado nessas circunstâncias. Qual a finalidade? Nenhuma. Então é melhor investir em uma boa arma e bastante munição. Tenha preocupação em aumentar sua performance, seja veloz e assertivo(a) e suas chances reais aumentarão bastante.

— Combate? LPVOs?

E respondo com uma pergunta: qual a finalidade para colocar na arma? Sua competição tem alvos acima de 150 m? Alvos pequenos? Na defesa? Qual é a distância média de seus confrontos? Sua equipe possui atirador de precisão?

Se a sua realidade está em uma velocidade de apresentação maior e alvos abaixo dessa distância, um holográfico vai muito bem e resolve. Mas sabe o que é pior? É que na maioria dos casos, o(a) atirador(a) sabe disso e, mesmo assim, coloca a lunetinha com um *dot* menor acoplado a ela para suprir a deficiência na velocidade de engajamento. O problema é que assim ele esquece da relação peso e conforto, que prova que, dependendo do desgaste físico do(a) operador(a), fará com que ele(a) também fique mais lento(a).

Outro detalhe importante é que esses *dots* laterais são pequenos em comparação a um holográfico padrão para fuzis de assalto, o que também vai afetar a sua velocidade. Sem falar que terá duas formas de apresentar esse fuzil ao alvo: lateral e vertical. Duas formas de treino e condicionamento, prejudicando assim a automaticidade do movimento. Não podemos esquecer de falar também do foco do operador, que fica dentro do tubo da ótica. Cada equipamento tem sua finalidade. Saiba a sua realidade e pare de ser embusteiro! (Ah, como é bom falar isso!)

Mas porque então esse fenômeno ocorre? Para entender, vamos bater um papo sobre normas sociais. O desejo mais profundo do ser humano é o pertencimento. Socialmente falando, temos a necessidade de sermos inserido em um grupo. A rejeição é um sentimento devastador e ninguém quer ser rejeitado. Por essa razão, fica claro quando temos um frequentador novo em nosso clube de tiro. De longe, conseguimos identificá-lo. Ele não está usando calças cargo, botas nem pulseiras para *cord* com relógio *anti shock*, não é verdade? Com o passar do tempo, esse novo atirador começa a frequentar as rodas de tiro e sente a necessidade de configurar-se como os demais. E isso ocorre naturalmente e de forma inconsciente. Um fenômeno que não se limita às roupas, mas também atinge o comportamento, como o modo de falar e agir, por exemplo. Comportamentos atraentes nos ajudam a nos encaixar em determinados grupos.

Existem três grupos distintos:

- **Dos mais próximos:** ocorre através da adequação dos comportamentos, justamente porque passamos a maior parte do tempo juntos. Nossas identidades são semelhantes;
- **Da maioria:** teremos um guia comportamental, como um mapa, que dita as normas do grupo. Para me encaixar, tenho que seguir tais normas, como uma tribo;
- **Dos poderosos:** procuro me aliar e seguir as regras deste grupo para obter elogios, ganhando assim status e poder, aumentando minha legitimidade e credibilidade.

Logo, se você não possui *red dot* em sua pistola, você é um péssimo atirador e não pode caminhar com nosso grupo. Seja inteligente. Apenas adquira determinado equipamento se realmente a finalidade e o seu emprego fizerem sentido para sua realidade. Não vá atrás de grupos e modinhas somente para ser aceito socialmente dentro do seu clube ou grupo de amigos. Lembre-se do que te motiva! Se é ganhar o campeonato, então jogue com uma estratégia favorável a você. É defesa? Então seja esperto e avalie as condições da sua vida e da sua rotina. A rua é cruel e não te dará espaço para fanfarronices.

Agora posso finalmente sugerir alguns equipamentos para vocês. Vale ressaltar que, se você quer ser um atirador de alta performance, vai precisar de equipamentos de qualidade compatível com sua meta. Quando alcançamos determinado nível, um bom equipamento fará toda diferença no resultado final. Ao longo do tempo, percebi que a compra de equipamentos é uma coisa que nunca termina, justamente em razão das inovações, que sempre vão te proporcionar uma melhora, seja no conforto ou no tempo de execução de um movimento. Se posso deixar uma lição que aprendi, é que quem compra mal, compra duas vezes. Melhor guardar uma grana e comprar algo bom.

- **Arma:** um fator limitante na escolha das armas é a condição financeira do comprador, visto que hoje no mercado existem diversas marcas com projetos seguros e solidificados. Você vai encontrar desde plataformas mais antigas, como é o caso das 1911, às mais modernas de frames de plásticos e percussores lançados. Armas maiores e mais pesadas são ótimas para competição, dependendo da sua categoria. As de ações simples são ótimas, permitindo ainda uma gama de modificações que otimizarão a qualidade do seu tiro. Posso citar aqui a Shadow 2, P320 X Five e G 34 como sendo as preferidas do momento. Lembrando que existem muitas outras atendendo a diversos tipos e preferências de atiradores.

  É importante saber que quando o assunto é defesa, as coisas mudam bastante. Primeiro que não recomendo alterações que deixem os equipamentos inseguros. Digo inseguros no que tange a não disparar quando realmente for preciso, ou atirar de forma prematura causando algum acidente. Modificações no mecanismo de disparos são muito perigosas. Na competição, o máximo que vai acontecer é você perder a prova, mas nas ruas você perderá sua vida. Como costumo dizer nas linhas de tiro da ACOMBAT, a escolha da arma perfeita está ligada diretamente ao tamanho da sua mão. Toque o dedo no gatilho e depois envolva o cabo da arma até que sua mão vista o punho de forma que você sinta segurança, firmeza e conforto com a ergonomia da sua empunhadura. Mas há uma confusão que acontece muito quanto ao tamanho da arma, que envolve especialmente alguns atletas. Com a implementação do porte de trânsito, eles notaram duas coisas: a primeira é que andar com armas de ferro e pesadas é desconfortável, e a segunda é que eles precisam, por força de lei, ocultar as armas nesse ir e vir ao centro de treinamento. Portanto, ao decidirem adquirir armas de defesa, alguns atletas optaram, de forma equivocada, por modelos com tamanho inadequado.

O que aconteceu foi a prevalência do pensamento comum: se é para esconder, a arma precisa ser pequena. O problema é que ele(a) tem uma mão enorme que faz com que o cabo de arma termine no meio da palma da mão, prejudicando assim a qualidade do seu tiro, suas recargas e saneamento de panes. É preciso estudar mais as opções, assim você verá que existem métodos para ocultar essa arma através de um bom coldre e vestuários mais adequados.

A falta de clareza nessa questão tem um nome: *backup gun*. Quando se faz uma pesquisa na internet para saber como se oculta melhor uma arma, vêm uma enxurrada de conteúdos que direcionam para o conceito de *backup gun*. Para usar como exemplo, extraí um trecho do site da revista *Guns Magazine*:[14]

"Uma doutrina de treinamento completa, mas variada, evoluiu em torno das técnicas de transição de uma falha do sistema de armas primárias para a arma secundária funcional. O conceito parece se desenvolver em torno de armas menores e mais compactas carregadas em locais

---

[14] Disponível em: <https://gunsmagazine.com/discover/back-up-guns/>.

menores para serem usadas como um último sistema de defesa contra uma ameaça de curto alcance."

Isto significa que a arma a ser ocultada não é uma arma desenhada para ser a principal, e sim aquela que vai escondida com a finalidade de suprir a falta da principal. Que diga-se de passagem, em um confronto armado, dificilmente você terá a oportunidade de usá-la se ele for franco e direto. Os confrontos modernos são extremamente violentos, rápidos, com muito volume de tiro e diversas ameaças. Suas chances serão mínimas de conseguir realizar um segundo saque se toda crise já se instalou.

Depois dessa explanação, fico com a G17, G19, P320 e P10 — tenho outras para indicar, mas só se me chamarem para um bate-papo interessante sobre armas.

- **Coldres:** um bom coldre deve proteger guarda-mato e gatilhos, então tal característica é inegociável. Coldres de competição são diferentes dos coldres ostensivos, muito utilizados por agentes de segurança pública, militares ou segurança privada, por possuírem travas de retenção. Para esses profissionais, a trava de retenção é um item obrigatório, que no esporte não faz a mínima necessidade, além de aumentar o tempo do saque. Coldres de porte velado devem mais do que nunca proteger guarda--mato e gatilho. Nessa forma de condução, a arma vai estar dentro de suas vestes e com o cano direcionado para o seu corpo. Por essa razão, os coldres de plásticos rígidos são mais indicados do que aqueles de tecido mole, que quando perdem sua propriedade de rigidez geralmente entram no guarda-mato, podendo causar um disparo acidental. Também não necessitam de travas de retenção, pois a arma está escondida e de difícil acesso pelo agressor.

Outro detalhe é o coldre ser resistente a pressão do ataque ao cabo da arma e a tração de arranque. Não pode ceder no ato do saque.

Para uma condução ostensiva, indico os Mid Ride com travas de retenção. Para o uso velado, você tem a possibilidade da condução Apêndice e IWB sem travas.

- **Porta-carregadores:** sempre conduzidos do lado reativo do seu corpo, podendo ser com ou sem travas de retenção no caso ostensivo. Se optar por não usar travas de retenção, certifique-se de ter uma retenção passiva, ou seja, que precise de força para sair. Em geral, retenções passivas são feitas através de elásticos de alta pressão, e antes que perguntem o porquê de não precisar de uma retenção ativa, eis a explicação: Se um agressor pegar seu carregador, você é quem está com a arma. Outro bizu é que seu porta-carregador permita que você acesse seus carregadores com o centro da palma de sua mão. No capítulo em que trataremos das recargas e panes, serei mais específico.

Em uma condução oculta obrigatoriamente sem retenções ativas, particularmente, gosto dos meus carregadores mais soltos, e o ponto ideal é virar o porta-carregador de cabeça para baixo sem que ele caia, precisando apenas de um leve arranque para retirá-lo.

No caso dos atiradores esportivos, os portas-carregadores não possuem qualquer tipo de retenção, devendo apenas impedir que caiam durante a corrida e movimentações das provas. Existem inclusive portas-carregadores imantados e angulados para facilitar o acesso daquele carregador para uma recarga mais veloz.

- **Cintos:** devido ao peso a ser sustentado, o cinto deve ser suficientemente rígido para fixar o coldre e demais equipamentos. No caso de conduções ostensivas, que podem ser para competições ou trabalho, existem cintos velcrados que se fixam ao outro cinto que sustenta apenas a calça. Gosto bastante desse sistema pela facilidade que é colocar e retirar o cinto com os equipamentos, além do cinto da calça já ser resistente o suficiente para conduzir o coldre de porte oculto. Mas atenção: cintos para conduções veladas devem possuir fivelas de perfil baixo para não aumentar o volume, prejudicando assim a ocultação da arma.

- **Munições de manejo:** equipamento essencial para sua evolução como atirador. Seu crescimento profissional dependerá de munições inertes de treinamento em seco. As melhores são aquelas que possuem características diferentes de uma munição real para evitar confusões e acidentes.

- *Timer shot* **ou cronômetro de competição:** essa ferramenta acompanhará você em todas as atividades, seja ela em fogo seco ou real. É com ele que você trabalhará suas velocidades, controlando, inclusive, a eficiência de seus movimentos.
- **Óculos de proteção:** nos treinos de fogo real, é imprescindível sua utilização. É comum acidentes em linhas de tiro por objetos que voam para todos os lados, desde resíduos de pólvora até estilhaços e ripas de madeiras. Todo cuidado é pouco durante qualquer atividade de risco, sendo obrigatórios os itens de proteção.
- **Abafadores:** existia uma máxima no tiro que era interessante treinar sem abafadores para acostumar com o barulho. Por incrível e idiota que pareça, já escutei isso mais de uma vez. Só que, na verdade, o que acontece é que o atirador está ficando surdo, uma vez que as lesões auditivas são irreversíveis. E é exatamente por essa razão que ele acha que está se acostumando com o barulho. É terminantemente proibido frequentar as áreas de tiro sem a devida proteção auditiva.
- **Alvos:** os alvos de competição já possuem configurações específicas e padronizadas, porém, os alvos utilizados para treinamentos de defesa devem possuir características semelhantes às ameaças que por ventura enfrentará. No livro *Matar*, de Dave Grossman, você pode aprofundar seus estudos sobre a ciência do condicionamento usado por militares ao longo da história a fim de melhorar os resultados das batalhas. Extraí aqui para você um trecho do livro, onde o autor cita o instrutor de atiradores de elite das Forças de Defesa de Israel, Chuck Cramer:[15]

"*Fiz os alvos parecerem o mais humanos possível. (...) Mudei o formato dos alvos para figuras humanas, de tamanho real e anatomicamente corretas, porque nenhum sírio sai correndo por aí levando no peito um grande quadrado branco com números.*"

Para suprir as dificuldades dos seus treinos em seco de conseguir distâncias reais acima de 10 m, por exemplo, você pode trabalhar com

---

15 Dale Dye. "Chuck Cramer: IDF's Master Sniper".

alvos em miniatura. Faça uma escala de ⅔ a ¼. Ao diminuir a distância real, você será capaz de produzir o efeito adequado. Para dimensionar corretamente, multiplique a escala do alvo pela distância que você deseja simular. Exemplo: 10 m com uma escala de ¼, multiplicado por 10, você ficará a 2,5 m do alvo miniatura.

- **Bandoleiras (armas longas):** é inegociável o seu uso. É uma ferramenta primordial para garantir uma eficiência completa, além de oferecer posições de descanso para o operador. Quando falamos em eficiência completa, estamos indo além das posturas de disparo com o armamento. Lembre-se de que você pode ter que transpor obstáculos e manipular objetos diversos. No caso de atividades operacionais policiais e/ou militares, você pode ter que realizar revistas pessoais. Apesar de ser um item bem pessoal e existir no mercado diversos modelos e formas de utilização de bandoleiras, a que indico é a de duas pontas com regulagem. A primeira vez que tive contato com esse sistema foi com a *Vikings Tactical*, dando um norte para várias outras marcas e sistemas, porém mantendo o mesmo princípio.

Quanto aos sistemas de ancoragem, gosto de usar a fixação na coronha, sendo colocada pelo mesmo lado da mão ativa do atirador. No meu caso, por exemplo, como sou destro, a fixação da bandoleira vai estar pelo lado direito da coronha. Já o outro ponto fixo na face esquerda da arma, próximo ao receptáculo do carregador, buscando o seu centro gravitacional. Lembrando que as formas de condução de armas longas através das bandoleiras é muito pessoal.

7
FUNDAMENTOS MODERNOS DE TIRO

INTRODUÇÃO

Entraremos agora na fase prática. Escrevi os tópicos em uma sequência lógica na qual em cada fase serão agregadas novas informações, que dependerão das etapas anteriores para o seu sucesso. A metodologia ACOMBAT servirá tanto para o iniciante na prática do tiro, bem como aquele(a) atirador(a) mais experiente que deseja aprimorar suas habilidades. O material a seguir vai oferecer a você uma estrutura para que alcance seus objetivos, desde que treine de forma séria daqui por diante. Quando falo em treinamento sério com armas de fogo, digo que, a partir de agora, as manipulações dos seus equipamentos farão parte da sua rotina diária.

Todo campeão treina quase diariamente com seus equipamentos, e a melhor maneira de fazer isso é treinando em seco em casa. Não custa relembrar que um treino verdadeiro requer dedicação e esforço, e consequentemente, isso vai ocupar bastante tempo da sua vida. Fique atento às repetições enquanto você as executa, pois, ficar simplesmente repetindo os movimentos, sem envolver seu cérebro no trabalho, não vai te levar a lugar algum. Respeite o processo falado anteriormente: autoanálise e autodiagnóstico.

Qualquer atividade que exija uma boa consciência corporal por parte do atleta terá um maior desenvolvimento se o treino for diário, assim o progresso será rápido e perceptível. O que quero dizer é que as pessoas pensam que para nos tornarmos bons atiradores, precisamos ir todo final de semana ao estande para realizar centenas de disparos. Ainda existem aqueles que acreditam que vão fazer um curso com instrutores renomados e terão seus problemas resolvidos. Aqui a história é diferente. Se você seguir as dicas deste manual, chegará sozinho aonde nunca pensou em chegar. O melhor treinamento da sua vida é aquele que você mete a mão para fazer com vontade de vencer.

TREINO IMPULSIONADO

O treinamento com armas de fogo mais tradicional vai levar você a um nível de proficiência técnica, concentrando suas habilidades na segurança e tiros mais lentos. Porém, quando essas valências são dominadas pelo(a) aluno(a), e ele não muda seu estilo de treino, ficará estagnado nesse platô. Sabe aquela pessoa que vai ao estande e nunca erra? Ela faz um agrupamento do tamanho de uma moeda! Essa pessoa nunca sairá desse lugar, caso não mude suas estratégias. Resta saber se ela quer continuar ali. Tem gente que pode ir mais longe, mas se contenta com tão pouco… por favor, não faça isso! Não me decepcione!

O treino impulsionado, como costumo dizer, te conduzirá a trabalhar sempre fora da sua zona de conforto. Com um ritmo de execução das tarefas mais apertado, você perceberá, no início, muitos erros acontecendo, mas a vantagem desse sistema é que você os conhecerá rápido e suas chances de corrigi-los serão mais altas, desde que preste atenção no que está fazendo. Meu objetivo aqui, com essa nossa metodologia, é fazer você aprender e usar as informações aprendidas com o fracasso para ter sucesso. Simples assim.

Realize as atividades propostas neste livro e aplique o treino impulsionado obrigando você a romper barreiras, mas lembre-se de que as execuções devem ser seguras e dominadas.

Aumentar sua velocidade ao longo do tempo será inevitável, e quanto mais rápido você for, mais erros surgirão. Não deixe que isso perturbe você e o(a) desanime. Faça o contrário, analise o que está acontecendo e corrija.

Procure envolver suas emoções durante cada execução de tarefa, coloque sentimento durante suas séries de tiros, pois isso te ajudará a perceber os erros e ter uma melhor leitura do seu corpo e da arma.

O uso do *timer shot* será imprescindível durante seus treinos impulsionados como, por exemplo, quando você tiver uma janela para executar uma troca de carregadores. Ele dará o início e o término do tempo de execução.

TREINO EM SECO "DRYFIRE"

No universo do tiro, quando se fala em treino em seco ou frio nos referimos ao trabalho executado sem munição e disparos reais. Quero deixar bem claro que em todo treinamento em seco deve haver uma inspeção rigorosa em todo seu equipamento, informando, inclusive, para todos os participantes que a área está segura. Outra medida que sugiro é que toda munição viva seja retirada do ambiente. Não devemos misturar carregadores cheios com aqueles que estão com munições inertes. Munição inerte é aquele simulacro utilizado para simular recargas, panes e, em alguns casos, até mesmo para dar um peso real ao seu carregador. Quando iniciei minha prática no tiro, principalmente nas atividades militares, o treino em seco servia apenas para o treino de visada e esmagamento de gatilho. Ainda tinha um treino em que colocávamos uma munição em cima do ferrolho para ver se ela caía ou tremia demais.

É comum me perguntarem sobre o desgaste do equipamento e como o treino em seco pode ser tão eficiente assim, já que não gera recuo na arma. Bom, todo equipamento mecânico tem seu desgaste natural das principais peças e deve sofrer inspeções regulares para evitar a quebra. Um treino quente, em razão da explosão e pressão exercida na câmara, com certeza vai gerar mais desgaste que um treino em seco. A questão é: quanto você treina em seco e o quanto você treina com disparos reais? O que sempre sugiro, principalmente para a galera da defesa, é que o melhor dos mundos é possuir duas armas exatamente iguais. Uma para qualquer tipo de treino e outra para o porte. Já a galera do esporte pode ter só uma, porque se quebrar na pista, o máximo que vai acontecer, é perder a prova. Mas nunca esqueça: arma manutenida e regularmente inspecionada é a regra.

Voltando à questão da gestão de recuo da arma, só há uma opção: você terá que disparar a arma de verdade e aferir aquilo que você tem treinado em seco. Somente disparando com munição real é que poderá se acostumar não só com o comportamento da arma, mas também com o estampido. O estande de tiro e o uso de munições reais sempre fará parte da sua vida como atirador(a). Tenha em mente que a maior parte de sua prática com armas de fogo vai acontecer no treino em seco. Existe uma boa métrica que adotei: para cada seis treinos frios, eu realizo um treino quente.

Sempre que for treinar em seco, você deve considerar um treino real da mesma forma, como se estivesse no estande de tiros. É com tiro em seco que conseguirá manter a regularidade e frequência necessária para evoluir rapidamente, e lembre-se, aquilo que você vê dando errado no tiro quente é o que vai servir como norte para direcionar seu próximo treinamento em seco.

Uma outra aplicação para o tiro em seco é utilizá-lo como uma ferramenta de aquecimento antes de iniciar cada série de tiro real planejada. Pratique em seco algumas vezes antes de atirar. Isso fará com que descubra onde estão os pontos críticos do exercício e o ajudará a desenvolver as habilidades mais exigidas na pista, até para que você as isole futuramente para reforçá-las em casa.

— Combate, deixa um *bizu* de como posso treinar em seco em casa?

Claro, vamos começar pelos equipamentos auxiliares que vão ajudar muito na evolução do seu trabalho. No mercado nacional e no internacional, você encontra desde as munições inertes até aquelas que disparam laser. Para um bom treino em seco, as munições inertes são fantásticas.

Você encontra também simulacros que possuem todo funcionamento mecânico da arma original, como troca de carregador e manobras de ferrolho. Algumas marcas ainda disparam o laser. O identificador laser é bem interessante, pois existem alvos eletrônicos que marcam os impactos no alvo. Outra forma de utilizar o laser é através de programas específicos de treino que você pode baixar no seu celular.

É interessante também que você tenha em sua casa alvos em escalas menores, como já falei anteriormente. Já o *timer shot* é de uso permanente; lembre-se de que todo trabalho será feito de forma impulsionada. Outra ferramenta bastante utilizada é o *air soft*. Com esses equipamentos, você pode aferir seus impactos e realizar manobras com a arma.

Monte um QTS para você, ou seja, um quadro de treinamento semanal distribuído por blocos de exercícios diários. Por exemplo, na segunda-feira, treine inserção de carregadores; na terça, manobra do ferrolho; na quarta, apresente a arma ao alvo; na quinta, com a arma conectada ao alvo, tracione o gatilho; na sexta, inserção, manobra, apresentação e gatilho. No sábado, vá ao estande e faça o movimento de forma fluida e completa com tiro real. Após analisar tudo com o tiro real, você terá como saber qual fase ainda precisa aprimorar. Sabendo de forma consciente onde precisa atacar, monte seu próximo QTS com o novo foco. Não gaste muito tempo fazendo esse processo diário de forma muito lenta, pois será contraproducente; o ideal é você saber onde está sua zona de aquecimento, de treino e de quebra. Jamais treine na sua zona de quebra.

— Como posso medir isso combate?

Simples! Execute o movimento desejado com um tempo razoável para que você o execute de forma veloz. Vamos supor que tenha sido 5 segundos. Se você cair para 3 segundos, sua habilidade deteriora? Quero dizer, você passa a tremer e erra mais do que acerta? O movimento fica descoordenado? Então sua zona de treinamento, nesse exemplo, é de 4 segundos. Em geral, principalmente no início, as pessoas perdem qualidade de treino após 15 minutos, e o que indico é suspender o treino assim que você se sentir cansado físico e mentalmente. Não adianta nada insistir. Já falamos sobre isso em outro capítulo. Termine seu treino no pico de satisfação.

Vou deixar um alerta! É comum no treino em seco o(a) atirador(a) achar que tudo está saindo de forma perfeita, porém, quando ele(a) vai ao estande e executa suas séries com fogo real, percebe muitos erros. Essa percepção o(a) deixará frustrado(a) e achando que o treino em seco não está sendo producente. A questão é a forma com que está realizando as repetições de seu treino em seco. Se você está achando que está tudo certo, significa que não está prestando atenção como deveria. Sendo assim, a execução não corresponde com aquilo que fará no tiro real. Você precisa envolver um nível de foco e consciência absurdo durante a execução das tarefas para buscar e rastrear os erros durante todo o treino. É por isso que com 15 minutos a maioria das pessoas fica exausta. Tente fazer melhor a cada exercício. Esse é o segredo!

1 Posturas

Antes de começar a especificar detalhadamente cada uma delas, gostaria de esclarecer que, em meu entendimento, quando falo em postura, estou me referindo à sua posição corporal no espaço, sendo, portanto, muito mais abrangente que a **base de tiro**, que nos remete à postura de pé (pés voltados para o alvo, tronco ereto e ligeiramente inclinado para a frente). Quero levar você para além desse conceito.

Pense comigo que a sua postura servirá como a sua plataforma de tiro, ou seja, essa plataforma pode ser:

- De pé;
- Agachado;
- Joelho e suas variações;
- Sentado e suas variações;
- Deitado e suas variações.

Lembrando que em uma pista de tiro prático, você encontrará diversos níveis de pistas. Cada uma delas pode surgir a necessidade de disparar em posturas diferentes, assim como na defesa, o marginal poderá surgir quando você estiver sentado em um carro... e onde está sua **base** nessa situação? Por essa razão, em nossas linhas de tiro, nossos alunos trabalham em uma postura agressiva e confortável, permitindo que eles se movam com velocidade em qualquer direção. Quanto mais você aproximar sua técnica de tiro à naturalidade de como seu corpo se move, garanto que será muito mais eficiente do que qualquer postura forçada.

É por isso que não tem como se engessar o(a) atirador(a) nessa etapa do treinamento, por que aquilo que é confortável para você pode não ser para mim. Existem ainda as limitações físicas que podem vir a prejudicar a execução de determinada postura, ou até mesmo impedir que seja aplicada. Outro conceito que adoto é quanto à posição do armamento, que não tem nada a ver com a postura adotada, pois são totalmente independentes. Perceba que eu posso estar de pé com a arma em diversas posições, não é verdade? Vamos então dar início ao reconhecimento de cada uma delas.

- **Postura de pé**

É bem simples abordar essa postura quando você começa a reparar, por exemplo, na postura de um lutador de MMA. Durante a luta, o atleta precisa atacar e se defender de golpes que podem vir de diversas direções, e ainda tem que acompanhar a movimentação do adversário em todos os sentidos e realizar giros no próprio eixo. Nos ringues, as lutas ocorrem com as mãos livres, só que em nosso caso, a luta é outra. Nós lutamos como armas de fogo.

Não se esqueça de que estamos tratando de habilidades de lutas e que, em todas elas, você depende de uma boa postura que lhe ofereça equilíbrio e velocidade para se mover, atacar e se defender. Assim como é dito que o soco do boxeador começa no dedão do pé e termina no punho, utilizando e distribuindo toda a energia do corpo, com o tiro será a mesma coisa. O recuo da arma será administrado lá do seu pé, passando pelo quadril (centro gravitacional), ombros e braços. Antes que pergunte, quanto ao pé que vai à frente, geralmente é o pé referente a mão reativa ou de suporte, mas isso não é uma regra, até porque quando for trabalhar ao redor de barricadas, perceberá que em alguns momentos terá que utilizar o pé invertido.

Veja a sequência de imagens a seguir:

Os vetores indicam o melhor aproveitamento da distribuição de massa corpórea e do centro de gravidade. Pés e quadril voltados em direção ao alvo.

Quando nos referimos à cabeça, prefiro que fique ereta com o olhar focado naquilo que desejo acertar, mas já utilizei a cabeça inclinada para a frente. Essa condição de encolher a cabeça inclinando-a para a frente foi uma herança das instruções militares, onde se houve falar muito em redução da silhueta.

Veja as imagens a seguir:

Cabeça encolhida e inclinada para a frente. Muitos instrutores chamam essa técnica de entrar na bolha. Chamo a atenção pela forma de se utilizar o aparelho de pontaria: repare nas duas posições em relação aos braços. Se você conecta a arma à sua ameaça na posição 1, seu corpo tem que se mover e entrar na arma. Já na posição 2, você conecta olhos à ameaça, e a arma seguirá aquilo que você olha.

Quanto aos braços, sempre oriento os meus alunos a colocarem os cotovelos apontados para fora, respeitando seu limite de conforto. Quando os cotovelos apontam para o solo, você está na posição exata em que sua articulação trabalha, ou seja, de como seus braços fecham. Se você pensar que no ato do disparo a arma tem como um dos seus comportamentos subir intermediariamente — e a luta entre homem e arma é para isolar seus comportamentos —, você está ajudando a arma a subir quando seus braços se movem junto. Por essa razão, os cotovelos apontam para fora porque aí você vai neutralizar esse comportamento.

Já os ombros ficam baixos e relaxados. No entanto, o ombro equivalente à sua mão de suporte poderá ficar ligeiramente mais alto para auxiliar na empunhadura. É galera, aqui é biomecânica pura! Caso você não possua um alongamento adequado em seu pulso reativo (mão reativa), quando apontar sua arma para o alvo com os polegares apontados para a frente e alinhados com o cano, basta você elevar um pouco o ombro, que diminuirá a tensão do tendão longo do polegar, atenuando assim o estresse da sua empunhadura e deixando sua mão mais relaxada. Cuidado para não elevar demais esse ombro, pois isso prejudicará sua visão periférica. Nada de exageros, ok? Faça isso somente se for melhor para você, e não porque quer imitar alguém. Seja você e tenha personalidade.

Veja a imagem:

Ombros baixos e relaxados, alinhados com o quadril e apontados para o que você olha. Cotovelos ligeiramente apontados para fora. Cabeça ereta.

Repare que usei dois termos diferentes para me referir à mão que não está empunhando a arma. Antigamente, o termo mais utilizado era mão fraca, que por questão de autossugestionamento negativo, foi retirado do vocabulário, afinal sugeria uma mão sem força, que não serve para nada. Os termos mais encontrados atualmente, são mão de suporte e mão reativa. Aquela que auxilia dando o suporte necessário, ou reage à mão ativa, como, por exemplo, o saneamento de panes e recargas.

É apenas uma questão conceitual.

Já aproveitei a postura de pé para dar aquele ajuste fino completo. Vamos adiante!

- ***Postura agachada***

A partir de agora, à medida que vamos nos aproximando do solo, teremos uma plataforma de tiro mais estável, porém quanto mais enraizado eu fico, mais energia eu gasto para descer ou subir, sem contar a limitação do campo visual. A postura que você vai usar será ditada pelo cenário, e não por você. Abrigue-se para combater, se necessário for, transforme-se em um poste. Já ensinei isso e outras coisas que só se aprendem combatendo. Talvez essa postura, depois da de pé, seja a mais utilizada em deslocamentos e entradas e saídas de abrigos durante confrontos armados urbanos (veiculares então, nem se fala!). Você reduz a silhueta, consegue mudar sua postura com rapidez e tem velocidade para mudar de posição no terreno.

— Qual o ponto negativo dessa postura, Combate?

Limitação física do operador, como, por exemplo, lesão de joelho, tornozelo e coluna.

Veja as imagens a seguir:

- ***Postura de joelhos***

Como já falado acima, quanto mais preso ao solo, mais lento(a) você é em suas movimentações e mais energia vai gastar para mudar de postura. A vantagem está na estabilidade para o disparo, que aumenta consideravelmente em relação às formas já apresentadas. Isso acontece porque o seu centro gravitacional está reduzido e ficando cada vez mais baixo e próximo ao solo. Conheci essa postura em 1993, no Corpo de Fuzileiros Navais. A famosa postura de joelhos com o cotovelo apoiado para disparar uma arma com melhor qualidade.

Já na Policia Militar do estado do Rio de Janeiro, em 1999, aprendi que diante da velocidade do confronto armado, você não tem tempo para apoiar cotovelo algum, então a orientação é ajoelhar de tronco ereto com a arma engajada ao alvo. Fiz assim durante anos e posso dizer que essa técnica era utilizada até nas condutas de patrulha, com um homem ajoelhado e outro atirando por cima em pé.

A postura de joelho também sofre com limitações físicas do operador, fazendo com que ele mesmo procure uma zona de conforto para permanecer ajoelhado. Com a chegada da MagPul, através dos instrutores americanos

Travis Haley e Chris Costa, houve uma mudança no universo do tiro tático em nível mundial. Essa é a verdade! Acompanho essas feras desde então, e elas apresentaram algumas variações quanto à postura de joelhos que estão sendo usadas até hoje.

A busca é sempre por uma postura que ofereça uma boa plataforma de tiro, estabilidade e conforto. Mas é preciso saber que quem realmente vai mandar nisso tudo é o formato do abrigo que você tem disponível na hora. De nada adianta ficar todo arreganhado, porque isso vai fazer com que seja atingida a parte do corpo que estiver do lado de fora do abrigo. Nem sempre a postura da foto vai ser passível de execução. Fica a dica, hein? Não vacila.

Veja as imagens a seguir:

- **Postura sentado**

Confesso que essa postura é muito pouco empregada; eu mesmo nunca a utilizei na prática. Vejo uma aplicação mais em casos de não conseguir aplicar nenhuma das outras posturas. Já nos estandes, vejo que é muito utilizada em situações de atiradores feridos.

- **Postura deitada e suas variações**

Assim como as variações de posturas de joelho, algumas mudanças ocorrem na postura deitada. Aprendi essa postura deitada de barriga para baixo, pernas estendidas e com os pés chapados ao solo para não tomar tiro no calcanhar. Com armas longas, tudo flui, mas quando tentamos aplicar essa mesma postura com armas curtas, começa a complicar a guerra. Os cotovelos vão tocar o solo para elevar a arma, além de machucar e incomodar, também vai prejudicar sua linha de visão de acordo com a distância do alvo. Enfim, podemos fazer melhor e diferente de várias formas.

Vejamos:

Deitado de frente apoiado nos cotovelos.

Deitado de frente para o alvo. Repare a possibilidade na manutenção da área de trabalho e acesso aos carregadores reservas.

Pronado direito e esquerdo.

De costas.

2   Posições com a arma

Existem diversos tipos de posições com a sua pistola e nomenclaturas dadas a elas, mas prefiro manter o princípio da simplicidade. Como brincamos no universo operacional, o camarada já corre, canta e bate palma... você quer mandar ele fazer mais o quê? Já falamos do quanto é difícil lembrar de tudo o que se tem que fazer durante uma competição ou um confronto armado, e que nosso cérebro trabalha como um grande computador. Imagine, diante de um cenário, o(a) atirador(a) ficar pensando nas opções que ele tem de conduzir aquela arma! Seria uma verdadeira catástrofe, acredite! Já treinei e ensinei diversos tipos de posições diferentes, e adivinha o que acontece na hora do evento? Você emprega as posições mais fáceis, procurando apenas manter a direção do cano apontada para um local seguro. Posso afirmar que, até em ações de polícia de natureza especial, isso é difícil.

Assim como as posturas são criadas para trazer conforto e eficiência, as posições com as armas também foram elaboradas com esses elementos em mente. O problema que vejo hoje, criado pelos "nutelas" de plantão, é que, além desses conceitos, eles querem uma pose bonita para a foto. Vou te lembrar de uma coisa: nas áreas destinadas a treinamento, principalmente naquelas que te preparam para um confronto armado, em que sua vida está em jogo, garanto que a última coisa que você precisa ficar é chique. Guarde toda essa sua beleza para momentos e lugares apropriados.

Todo mundo já deve ter visto os seguintes nomes: posição sul, posição 3, posição 3,5, retenção, caçador e por aí vai, sem contar os nomes em inglês que são muito adotados também, como o *high position, temple index, air port, high compressed ready*. Enfim, muito nome para pouca diferença entre eles.

Para você ter uma noção, a primeira vez em que ouvi o termo pronto alto foi em 2005, quando fiz o curso de ações táticas. Muito provavelmente a expressão é uma tradução livre do *high ready*, assim como o pronto baixo. Enfim, esses termos já são bem conhecidos pelos atiradores mais antigos, e não têm nenhuma novidade. O que trago de diferente é a forma como encarar as posições trazendo o mínimo de alterações em seus nomes. Resumindo, eu utilizo somente duas posições: pronto alto e pronto baixo.

— O que significa, na prática, a condição de **pronto**?

O(A) atirador(a) está **pronto(a) para o disparo**! E ele(a) pode estar pronto(a) para disparar com o cano alto ou cano baixo, ok? Concorda comigo que a condição de **alvo engajado** já é o tiro propriamente dito? Acredito que todos concordem que é a condição perfeita, inclusive com todos os apoios possíveis e utilizando aparelho de pontaria. Logo, encaro esta condição como o disparo já sendo realizado e ponto final.

— Acabou, então?

Quase!

Entendo que as possíveis variações serão ditadas pelo cenário e sua dinâmica, assim como nas pistas de competição. Por exemplo, uma arma retida ao corpo, em razão de pouco espaço no cenário, com o cano voltado para cima, pode ocorrer? Lógico! Nosso(a) atirador(a) está com o cano para cima e pronto(a) para disparar em uma possível ameaça, inclusive com a arma retida sem ter que apresentá-la ao alvo. É um **pronto alto**, só que com a arma mais próxima ao corpo.

Vamos para outra situação nesse mesmo contexto. Agora, por necessidade, o(a) operador(a) usa a arma retida ao corpo com o cano baixo, logo, podemos dizer que ele(a) está em uma condição de **pronto baixo**. É simples! São duas condições apenas para posições de **pronto para agir e se defender**. As variações do controle de cano da arma serão ditadas pelo terreno.

Vejam as fotos a seguir:

Pronto baixo com as duas mãos.

FUNDAMENTOS MODERNOS DE TIRO

Pronto baixo com uma das mãos.

Retenção com duas mãos e apenas uma.

Pronto alto com as duas mãos.

Pronto alto com uma das mãos.

Esse monte de nome só serve para duas coisas: encher linguiça e confundir sua cabeça!

- **Posição *temple index***

Esta posição foi apresentada ao mundo pelo policial americano William Petty, juntamente com suas técnicas de VCQB, patenteadas por ele nos EUA — indico a pesquisa e o estudo, pois suas teorias são bem interessantes. Já aqui no Brasil, a ACOMBAT criou o nome COMBATE VEICULAR para tratar das técnicas e protocolos veiculares. Também adotamos muitos dos conceitos ensinados por Petty, porém com as características peculiares dos estados brasileiros. Levamos em conta os detalhes importantes extraídos de ocorrências e de experiências que tive na cidade mais violenta do mundo no que tange a confrontos armados urbanos. É claro, infelizmente, que estou falando da cidade do Rio de Janeiro.

Aproveito a oportunidade para registrar minha alegria ao ver instrutores do Brasil inteiro adotando o nome COMBATE VEICULAR, criado por mim há décadas. Desenvolvi o conceito seguindo uma linha lógica de todos os módulos da ACOMBAT.[16] Aliás, os nomes são todos vinculados ao meu apelido "Combate", foi uma evolução temporal, de Andrade Combate, virou AndradeCombat, até chegar em ACOMBAT. A partir do apelido que ganhei em uma época em que não se falava em treinamentos dessa natureza, criei outro nome muito utilizado pelo mundo do tiro hoje em dia: o COMBATE VELADO. E assim surgiram o ESPINGARDA DE COMBATE, RIFLE DE COMBATE, PISTOLA DE COMBATE, e assim por diante.

Nunca gostei de siglas e nomes em inglês. Estamos no Brasil e o idioma aqui é o português.

— Já pensou em patentear esses nomes, Combate?

Nunca! Em minha opinião, são de utilidade pública em prol do desenvolvimento do segmento. Estão aí para serem usados.

AVANTE NO REINO!

---

16 Para saber mais sobre essa história, acesse: <https://www.youtube.com/watch?v=Lf_MuZsFFyQ>.

Bem, agora que você conhece a verdadeira origem, posso fazer as minhas considerações a respeito da técnica e o porquê da arma ser conduzida nessa posição. Entendo que a técnica busca uma posição segura de controle de cano, evitando que, durante mudanças bruscas de direção, possa varrer (apontar) a arma para um familiar ou parceiro(a) de equipe. Antes que surja a dúvida, esclareço que essa posição é exclusiva para armas curtas.

Em um dos vídeos,[17] Petty deixa claro que sua aplicação é ainda mais efetiva em situações em que você não possui muito espaço de manobras corporais, como é o exemplo do interior de veículos. Sendo assim, posições como a Sul ou armas retidas ao corpo, em situações apertadas, podem trazer riscos nas mudanças de direção. Levando em conta que a queda de performance é comum em situações de confrontos armados, as chances aumentam quando se utiliza qualquer uma dessas posições, principalmente por não oferecer feedbacks de contato.

— Combate, o que é feedback de contato?

Apenas uma forma americanizada de dizer para você que a arma tem que estar tocando em algum ponto do seu corpo para ter a certeza de que ela está onde deveria estar. Puro embuste! Enfim, está claro até agora que o *temple index* não é uma posição de pronto, e sim de controle de cano.

Uma das coisas que me chama atenção é ver a galera treinando e correndo com a arma conectada à têmpora. Ora, se você vai efetuar um lanço (corrida curta e rápida) e não tem força amiga à frente, é arma à frente e em condições de **pronto** para que você possa engajá-la o mais rápido possível.

Será que você, instrutor(a), ao engessar seu aluno ou aluna a fazer tudo com a arma presa à têmpora, não estaria criando uma cicatriz de treinamento?

— Combate! O que seria uma cicatriz de treinamento? Outro embuste?

---

17 Vídeos interessantes sobre a aplicação da técnica *temple index*. Disponível em: <https://youtu.be/LOR5sLXLmeo> <https://youtu.be/-MXdpFKJUiI>
Para você saber mais sobre William Petty, criador do VCQB e da técnica *temple index*. Disponível em: <https://centrifugetraining.com/about/> <https://instagram.com/the_adventures_of_will.i.am?igshid=NTc4MTIwNjQ2YQ==>

Talvez. É só para dizer que você irá usar em combate o que estiver fazendo em seu treinamento. Essa é a máxima dos princípios adotados por instrutores do mundo todo. Afinal, o que você repete, se torna um hábito, logo, vai ser aplicado na vida real. Então, se você está treinando errado, está criando uma cicatriz, algo permanente. Essa cicatriz surge através do treino equivocado que a pessoa faz. É mais um nome bonito e difícil para falar em vícios e manias criadas ao se repetir movimentos que trarão prejuízos na hora do combate ou de sua competição.

Aí, quem pede para você treinar sempre com a arma na cabeça, às vezes sem carregador, ou com armas abertas com a justificativa de priorizar a segurança, está implantando uma cicatriz em você. Porque o texto é: na hora, você não muda de abrigo e corre com uma arma inoperante! Faça sempre uma recarga tática antes de enveredar ao desconhecido. Ou não é assim? Em nossas linhas fazemos o certo! Reduzimos a velocidade, e, às vezes, diminuímos o grau de dificuldade do exercício, mas fazemos como deve ser feito na realidade. De nada adianta colocar um grau de dificuldade no evento e velocidades apertadas com armas inoperantes só para cumprir a tarefa com segurança. Parto do seguinte princípio: se não está seguro, não faça! Repita quantas vezes for necessário a frio até ter segurança para fazer o exercício certo.

Consegue perceber a complexidade de se estar à frente de uma instrução? Quanto mais realidade você implementar em seus treinamentos, maiores serão as chances de algo dar errado. Calculamos os riscos e tentamos minimizá-los ao máximo, porém a natureza da atividade evolve o perigo, assim como quem surfa ondas grandes pode se afogar, quem escala ou faz rapel pode cair. Estranho seria quem treina com armas de fogo tomar uma flechada! O que quero dizer é que quando você apresenta uma técnica, ela deve ser muito bem explicada, assim como a forma com que deve ser aplicada durante seus exercícios. Não confunda posição de combate com posição de controle de canos!

Para finalizar, gostaria de dizer que não adoto *temple index*, e sim ORELHA INDEX! Esse nome foi dado por um aluno durante a minha explanação da técnica em um dos nossos módulos de COMBATE VEICULAR.

Quando você conecta a arma através dos dedos médio, anelar e mindinho à sua têmpora e usa o polegar como referência abaixo do lóbulo da orelha, seu punho e o cabo da sua pistola prejudicam a visão periférica, e se seu carregador for alongado, fica pior.

Veja as imagens:

Quando percebi esse fato, adaptei a técnica utilizando os dedos médio, anelar, mindinho e polegar conectados exatamente em cima da orelha, como se quisesse tampar meu ouvido. Dessa forma, tive um ganho na minha visão periférica. Ao explicar essa adaptação que adoto em meus treinamentos, um aluno berrou:

— Combate, então o nome é ORELHA INDEX, mestre!

Daí por diante, adotei essa nomenclatura, mas se preferir em inglês pode chamar de *ear index*.

- ### *Área de trabalho e escaneamentos*

Workspace ou área de trabalho é a posição onde seus equipamentos serão manipulados de forma segura, sem perder o controle do teatro de operações ou pista de prova. Particularmente, adoto esta posição sempre que não estou disparando, uma vez que mantendo meus equipamentos na frente do rosto, consigo manter a minha cabeça alta e com olhar à frente. Tal medida evita que você abaixe a cabeça toda vez que precisar focar na sua arma, afinal os seus olhos seguirão as suas mãos.

Um exercício que sempre passo para meus alunos é colocar a arma na altura do rosto e realizar uma alternância de foco entre o que vê à frente e a arma. Quando o seu foco estiver na arma, conseguirá ainda assim perceber qualquer movimentação diante de si e, ao direcionar seu foco para a frente, conseguirá da mesma forma manter a manutenção da sua arma. Uma outra vantagem é que estando com a arma diante do rosto, você está em condições iguais de direcionar o cano em qualquer direção, afinal de contas, é estando no meio do caminho que conseguirá chegar mais rápido tanto para o ponto A como para o ponto B.

Outro fator que devemos considerar é que os olhos são mais rápidos que a cabeça, e que esta é mais rápida que um giro de tronco. Imagine que algo chamou a sua atenção em um cenário de confronto, e não foi o seu agressor. Podemos considerar que inicialmente você olhou para o lado errado, não podemos? O que é mais rápido, voltar o corpo todo ou só a cabeça? Você pode olhar errado e já voltar para o lado certo com a arma em condições, concorda? Já pensou se tivesse virado o corpo todo? Estaria de costas para o marginal, não é verdade?! Como todo confronto, as coisas ocorrem de forma dinâmica, e você não vai permanecer estático como uma árvore fincada por suas raízes. Lembre-se: movimento é vida! Por essas razões, sou a favor de realizar os escaneamentos apenas com giros de cabeça por cima dos ombros. É o suficiente para que você consiga manter um controle visual de 360 graus. Caso tenha dificuldades com a virada para o lado da mão reativa, você pode soltá-la, colando-a ao peito. Essa técnica é conhecida como *shoulder check*.

Nesse espaço criado é que você irá trocar de carregadores e sanar panes, permanecendo com a arma enquanto realiza os escaneamentos. Para que sua movimentação de cabeça seja confortável, é imprescindível que seus ombros permaneçam baixos e relaxados; do contrário, você irá criar um bloqueio mecânico, onde seu queixo baterá no ombro para o lado que estiver tentando virar sua cabeça. Uma grande vantagem que vejo em manipular os equipamentos junto ao corpo é o aumento significativo da precisão dos movimentos. Isso ocorre porque além das mãos estarem trabalhando mais próximas, o seu corpo todo está em bloco, o que aumenta a estabilidade, principalmente se você estiver em movimento. Pense comigo, situação A: você correndo com os braços estendidos à sua frente e um peso na mão. Agora, na situação B: você correndo com os braços estendidos à sua frente com um taco de golfe, segurando-o pelo punho e com a parte pesada lá na frente. Qual das opções você acha que teremos maior balanço? Logo, se você trabalhar com a arma na frente do rosto e compactada ao corpo, a oscilação de todo conjunto será bem menor, oferecendo ao atirador ou à atiradora uma melhor coordenação de olhos, mãos e armas.

Veja as imagens:

Mark Owen, *Navy Seal,* autor do livro *Não há heróis,* escutou a seguinte frase do seu instrutor de escalada:

— Fique em seu mundo de 90 cm!

Leitura obrigatória!

Fechando o tópico de posturas e posições com a arma de fogo, podemos avançar para os próximos fundamentos. Você agora pode conjugar todas as posturas com as posições que achar necessário. Por exemplo, joelho com orelha index, em pé com pronto baixo com qualquer uma de suas pequenas variações de cano, e deitado com pronto alto, por exemplo.

3 Visada

Este fundamento tem relação direta com a utilização do sistema de pontaria de seu equipamento e o alvo. A grande questão é que o ser humano foca somente em um objeto por vez, deixando os demais embaçados. Quando falamos em modalidades de tiro em que se exige do(a) atirador(a) velocidade e dinamismo, em razão dos alvos se apresentarem em distâncias e tamanhos diferentes, obrigatoriamente o(a) atleta terá que saber como utilizar os diferentes tipos de foco. É indiscutível que se seu objetivo é um tiro de precisão, a utilização do aparelho de pontaria deverá ser perfeita; do contrário, as chances de errar esse tiro serão enormes.

Vale lembrar que o instinto de sobrevivência, que o deixa em condições de lutar e fugir, será proporcionalmente mais forte quando a ameaça estiver mais próxima, assim como será menor o seu tempo para reagir. E quando o assunto é defesa, o foco será na sua ameaça, só que ter os olhos vidrados naquilo que está pronto para ceifar a sua vida impedirá você de ver qualquer outra coisa, seja uma alça, massa ou um *red dot*. Já falamos sobre isso! Ao longo da minha carreira como policial, atirador e instrutor, cheguei à conclusão de que você acerta o que você olha. Só que não é um simples olhar; é um olhar que implementa desejo e intenção real no alvo. Quando faz isso, você realmente diz ao seu cérebro que aquilo que vê é importante e ele comanda todo o resto do seu corpo para que tenha êxito.

Outro bizu que vou deixar é: foque em algo menor ainda dentro da zona principal do seu alvo. Por exemplo, a zona Alfa de um alvo padrão de IPSC.

Ela é grande, e você pode escolher um ponto minúsculo dentro da zona "A". Não olhe para o alvo como aquele grande borrão marrom — isso dificultará você, e o resultado não será tão preciso. Quando falei aqui sobre o foco e a distância variável do alvo e seu tamanho, me refiro à profundidade. Isso é um fator que complica muito a vida dos atiradores. Inicialmente, inclusive eu, somos instruídos a atirar com foco na mira frontal, quando usamos miras de ferro (alça e massa), e os usuários de miras do tipo *red dot* são treinados a focarem no alvo o tempo todo.

Os adeptos a miras de ferro percebem que ficam mais lentos ao focarem na massa, e os atiradores de pontos vermelhos começam a transferir, sem querer, o foco e sua atenção para o ponto. Fatores individuais também são um problema quando o tema é a visada, pois cada um terá seu grau de dificuldade, como idade, dominância, astigmatismo e outros. Vou apresentar a vocês um conceito bem novo para a maioria das pessoas, relacionado à interpretação dada ao seu sistema de mira. O seu tiro pode ser realizado de duas formas. Vamos detalhar isso:

- **Reagindo ao sistema de mira:** todos os seus disparos são feitos de acordo com a sua percepção e leitura de sua mira. Você só dispara novamente quando vir a mira retornar para o centro do alvo, ou seja, você está reagindo a sua mira. Atiradores iniciantes devem praticar tiro de forma reacionária.
- **Prevendo o ponto de mira:** de acordo com sua experiência e técnica, você prevê o seu ponto de mira retornando ao centro do alvo, ou seja, está antecipando a sua chegada e já dispara novamente. Nesse tipo de tiro, seu aproveitamento está ligado diretamente à qualidade da sua postura e da empunhadura. Em resumo, ao perceber o alinhamento de seu sistema de pontaria no centro do alvo, atire quantas vezes achar necessário, respeitando sempre o nível de adestramento que você se encontrar. A empunhadura é quem manda!

A ideia é que, ao longo do tempo, você consiga realizar disparos prevendo seu ponto de mira a distâncias maiores, como atiradores de alto desempenho fazem. A diferença é que estes treinam demais e há muito tempo com equipamentos de ponta, como compensadores, gatilhos e miras que fazem toda a diferença ao final do processo. Mas as armas originais também oferecem essa possibilidade, desde que você treine e conheça bem seu equipamento.

Um(a) atirador(a) mediano(a) já consegue realizar disparos preditivos a 10 m pontuando zona "A", com dois disparos velozes e que não representam o *double tap*, e sim um par de tiros controlados. O segredo é saber quando usar o tipo de tiro certo, de acordo com o grau de dificuldade em que seu alvo se apresenta, seguindo seu nível de adestramento. Até mesmo atiradores experientes irão realizar disparos reativos em alvos pequenos a distâncias maiores, e, principalmente, se estiverem em movimento. Eles conhecem o comportamento da arma e conseguem intuitivamente controlar a gestão do recuo, sabendo a hora de realizar a pressão correta na empunhadura. Fica a dica: freie a mão nessas horas.

Um detalhe importante é se condicionar a disparar sempre com os dois olhos abertos e se acostumar a acompanhar o comportamento do seu sistema de mira. Como sua mira se comporta durante o recuo? O quanto ela se move? O quanto você demora para recuperar sua visada? Ela desce após o primeiro tiro? São perguntas que você tem que saber a resposta! É natural no início de qualquer habilidade nova cometer alguns erros até ajustar tudo, porém não deixe que isso te desanime, pois faz parte do processo de evolução. Após algumas experiências, você verá que faz todo sentido e valerá a pena continuar.

É normal no início do treino em que irá prever o ponto de mira na área pretendida você colocar alguns tiros para baixo, caso esteja tensionando muito sua empunhadura. É natural que quanto maior for seu objetivo, como por exemplo, o campeonato mundial, ou ficar vivo em um confronto armado, que para mim é o objetivo principal, a pressão pela busca de melhores resultados aumentar. Só que nestas condições, o número de erros também aumenta. É preciso ter cuidado com o tempo que você demora para disparar após visualizar uma mira perfeita. Busque diminuir esse tempo e não durma no gatilho. Visualizou, dispare!

Vamos falar agora como você pode fazer sua verificação de focos.

— O que é isso, Combate?

Ao longo do tempo, percebi que temos três tipos de verificação do foco visual entre os aparelhos de pontaria e o alvo. Você pode explorar cada um deles de acordo com a distância e o tamanho do alvo apresentado, com velocidades diferentes de disparos sem perder a qualidade dos resultados. Para isso, deve conhecer a diferença de tempo e precisão que é capaz de produzir nas principais distâncias que costuma jogar. Apresento os três níveis de verificação:

- **Verificação 0:** nesse primeiro tipo, você não verifica visualmente seu sistema de pontaria, ou seja, o disparo ocorre apenas por alinhamento cinestésico. O que determina aqui é a sua capacidade de se localizar no tempo e no espaço.
- **Verificação 1:** aqui você dispara assim que percebe sua massa de mira orbitando na área que deseja impactar. Nesses casos, as miras com fibras ópticas ajudam bastante. Caso utilize um aparelho óptico, atire assim que perceber sua cor na área desejada.
- **Verificação 2:** em busca do seu melhor disparo, aqui você terá que alinhar alça e massa de mira com uma verificação visual padrão no centro da área desejada. Já para quem é adepto(a) das miras ópticas, deve realizar o disparo perfeito quando vir o ponto parado e estabilizado.

Verificação 0	Verificação 1	Verificação 2
Foco na ameaça.	Foco na massa.	Alça e massa alinhados.

O objetivo das imagens acima é melhorar o entendimento da aplicação dos focos apresentado. A maior diferença está na ameaça, pois foi o máximo que conseguimos fazer com a câmera. Até para ela foi difícil. Que sufoco que foi para fazer isso! Rindo demais!

Fiquei extremamente feliz ao saber que o um dos maiores atiradores norte-americanos da atualidade, Ben Stoeger, trata do tema com a mesma perspectiva em sua obra *Practical Shooting Training*, onde afirma:

Confirmação 1: Sem confirmação visual. Alinhamento cinestésico.

Confirmação 2: O atirador reage ao ver seu sistema de miras cruzando a área a ser impactada.

Confirmação 3: O atirador deve confirmar o perfeito alinhamento do seu sistema de miras no centro do alvo.

Não poderia deixar de registar e agradecer ao meu camarada Marquinhos, da Red9 International, que compartilhou comigo em um de nossos treinos a obra dessa fera.

4 Tracionamento da tecla do gatilho

Conhecer o gatilho da sua arma é essencial para que você tenha um resultado satisfatório. Normalmente, essa é uma das partes da arma que mais sofrem modificações em busca de bons resultados. Quanto menor for a pressão que você precisa realizar em cima do seu gatilho, menor será a influência no alinhamento do seu sistema de miras. Isso seria magnífico se não envolvesse a segurança do seu equipamento, pois o gatilho pode ficar tão leve a ponto de disparar prematuramente. Em armas de defesa, isso é muito perigoso, e no tiro esportivo também há uma questão limitadora, já que em algumas modalidades esportivas, determinadas modificações nas armas são proibidas.

Existem diversos tipos de gatilhos e abordar todos aqui daria um livro só para isso, então vamos falar de padrões de fábrica. Todo gatilho vai apresentar uma folga (peso morto) no início do seu tracionamento; uns terão uma distância de folga maior que outras, a depender do fabricante e do sistema da arma. A segunda característica a ser analisada é o seu peso real. Alguns, assim como a folga, também terão uma distância peculiar e estágios até que a arma realmente dispare. Adoto o nome simples de "parede" para esse início de resistência que seu gatilho apresenta a você. Está aí o seu primeiro dever de casa relacionado a isso: saber intuitivamente a distância que seu gatilho possui de folga e quantos estágios ele tem da parede até que esse disparo ocorra. Chamo esse momento do disparo de "quebra da parede".

Ao se buscar o máximo de desempenho na hora de puxar o gatilho, entenda que a pressão é constante; na verdade, o que movimenta o gatilho é o aumento da pressão que você coloca, e não uma puxada abrupta. Aumente a pressão constantemente até que o disparo aconteça. Existe uma corrente que fala da posição ideal do dedo ao esmagar o gatilho, onde o tocamos com o meio da falange distal do segundo dedo (indicador), mantendo a falange distal e média alinhadas de forma reta e a falange proximal imóvel.

Veja as figuras:

Toque no gatilho com o dedo em anzol.

Toque com o dedo reto.

Ocorre que manter esse controle fino realizando disparos velozes e sob os efeitos da luta e fuga, que deteriora de sobremaneira o controle motor fino — como já vimos anteriormente —, é uma ação praticamente impossível. Realizar tarefas em curto espaço de tempo prejudica o controle motor fino e o isolamento da execução somente dessa parte do dedo e da mão. Vale lembrar que fazer com que o movimento do tendão do dedo indicador trabalhe sozinho, sem mover os demais, é uma tarefa muito difícil de ser realizada dentro dessas condições. Você pode fazer o teste tentando, com o punho cerrado, simular o tracionamento do gatilho, que na ocasião vai ser representado pelo seu polegar. Comece fazendo movimentos leves com pouca pressão na mão e depois aumente a velocidade dos toques no polegar como se estivesse disparando mais rápido. Para isso, terá que aumentar a pressão do punho, como se estivesse realmente segurando uma arma. Com esse exercício bem simples você consegue perceber que é praticamente impossível isolar a ação dos demais tendões.

Quem manda na empunhadura é a mão reativa ou de suporte, justamente porque a influência dada por esse dedo do gatilho só vai conseguir fazer um estrago se a mão reativa permitir. No entanto, se ela for boboca, ou seja, aceitar os movimentos aleatórios provocados pela queda de performance durante a realização do tracionamento desse gatilho, o exercício estará comprometido.

— Combate, e quanto ao *reset* do gatilho?

Bem, vamos lá! Sabemos que você recuperar o gatilho sustentando seu retorno até a posição da parede vai chegar ao *reset*, ou seja, o ponto em que esse gatilho se arma novamente sem que você avance para a folga. Quando você faz isso, a precisão do seu tiro aumenta absurdamente em relação à situação na qual tem que soltar o dedo e disparar do zero novamente. É aí que está a possibilidade de erro, porque o *reset*, apesar de lhe oferecer uma precisão, te deixa lento(a) para os próximos disparos e dificilmente você irá executá-lo sobre pressão. Lembre-se da queda de performance! Tracionar o gatilho do zero, isto é, imprimir uma força desde a sua posição inicial, onde ela vai ser demais para o curso da folga e de menos quando atingir a resistência do gatilho. Pronto, é aí que vem o erro.

Certa vez, quando ensinava meus alunos a praticarem o *reset*, fui surpreendido por um amigo sacana, que filmou meu dedo enquanto eu realizava disparos velozes. Em seguida, ele me perguntou se durante esses tiros eu tinha realizado a técnica do *reset*. Minha resposta foi, com toda segurança, que sim. Sabe o que ele fez? Enviou um video em câmera lenta e com zoom máximo no meu dedo para eu analisar. Para minha surpresa, não havia feito *reset* nenhum. A velocidade não permite que eu domine esse movimento a esse ponto. Sou grato a esse irmão até hoje por me alertar!

— Então o que você faz, Combate?

Trabalho com meu dedo relaxado e não sustento o peso do retorno do gatilho até sentir ou ouvir o click do *reset*. Simplesmente deixo ele voltar todo e traciono novamente. O pulo do gato está em você dominar seu gatilho e saber a hora exata de esmagá-lo. Lembra do dever de casa que falei? Domine seu gatilho, saiba o curso da folga e pare seu dedo na parede. Uma vez reconhecida a parede, comece a tracionar novamente. Esse movimento será o mais próximo que vai chegar em uma competição ou em uma situação real. Logo, sabendo se vai realizar um disparo reagindo ou prevendo o seu ponto de mira, você consequentemente terá mais ou menos tempo para soltar esse gatilho e retorná-lo para a parede.

5 Empunhadura

Aqui está o fundamento mais importante do tiro. Se você possui uma mão boa e exerce a pressão adequada nos pontos certos, perceberá que seus problemas no tiro diminuirão vertiginosamente. Alguns pontos devem ser observados quando falamos em empunhadura, como tamanho de mão e de arma. Essa conjugação é muito importante para que exista uma boa ergonomia e um conforto para que o(a) atirador(a) consiga exercer as manipulações do equipamento. Mãos grandes com armas pequenas, ou vice-versa, não combinam.

A missão do(a) atirador(a) é realizar a gestão do recuo da arma proveniente da pressão gerada na câmara em decorrência da explosão do cartucho. Por esta razão, já sabemos como a arma irá se comportar, por exemplo, quando o(a) atirador(a) for destro, situação na qual ela vai subir e ir para a esquerda. Cientes disso, temos que colocar os pontos de pressão na empunhadura de forma que isole ao máximo os comportamentos da arma. Vale lembrar que quanto mais veloz for a sua cadência de disparos, maior domínio da empunhadura você deverá ter. Ao realizar as séries de disparos, você deve prestar atenção em como está sua pegada e identificar qual a sensação que tem em cada uma de suas mãos. É imprescindível no treino específico para desenvolver empunhadura que você foque nas suas mãos e não na imagem visual que está tendo, pois o momento vai te oferecer uma leitura completa do quanto sua pegada está sendo consistente.

Procure por padrões no alvo e grupamentos de impactos, isso o(a) ajudará a traçar um diagnóstico mais assertivo ao compará-lo com a sensação de suas mãos. Em geral, impactos baixos/esquerdos são causados pelos movimentos inadequados realizados pela mão direita — do(a) atirador(a) destro(a) —, e impactos altos ocorrem por falta de pressão na mão reativa. Outro erro comum é empurrar a arma para baixo no momento em que se traciona o gatilho. Porém, se você está fazendo um bom grupo de tiros em algum ponto do alvo, o problema pode ser o alinhamento do seu sistema de miras, e vale revisá-lo ou até mesmo pedir para que algum colega realize alguns disparos de verificação.

Tenha em mente que os melhores resultados estão ligados ao que suas mãos são capazes de fazer, e não à imagem que você vê. O que mais percebo nas linhas de tiro é que quando o(a) atirador(a) encontra a imagem visual perfeita do alinhamento de suas miras em relação ao alvo, ele acaba disparando imediatamente, perdendo o domínio das mãos, se emocionando e tracionando o gatilho contraindo (tensão) toda a mão que empunha a arma, perdendo, assim, a pressão da mão de suporte. Transferir seu foco para a imagem visual não vai ajudar.

Outro detalhe dos treinos a frio, que envolvam melhora de performance para sua empunhadura, está na pressão constante das suas mãos. Treine em seco aplicando pressão nas mãos como se estivesse atirando de verdade, pois é muito comum treinar de mão frouxa, já que não tem recuo. Lembra do hábito de fazer tudo sempre da mesma forma, do ser que se repete? Pois é, aplique este conceito em todo seu treinamento.

É muito comum, principalmente em iniciantes, ficar com a pegada tensa quando está com uma arma carregada nas mãos, aplicando força na arma o tempo todo e gerando cansaço desnecessário. Essa fadiga, aliada à força em excesso, vai gerar tremor e perda da qualidade de suas ações motoras, como, por exemplo, o esmagamento do gatilho. Se sua mão estiver muito apertada, além de tremer, pode ocasionar o congelamento do dedo do gatilho, que nada mais é do que seu enrijecimento. Entenda que, quanto mais relaxada estiver a sua mão que empunha a arma, mais velocidade e qualidade você conseguirá nos seus disparos.

É imprescindível aprender a exercer uma pressão variável na empunhadura de acordo com o que você vai fazer. Por exemplo, o ato de trocar carregadores não exige uma pressão forte nas mãos, pelo contrário, relaxado(a), você será inclusive mais preciso nos movimentos. Nos treinos, preste atenção nisso e corrija o problema, se for o seu caso. Os exercícios em seco são ótimos para você ter essa noção. Mãos firmes e apertadas são somente para o ato do tracionamento do gatilho!

— E quanto de pressão em cada mão, Combate?

Pergunta bem comum! Alguns falam em 50% em cada mão, outros em 40% na ativa e 60% na reativa, porque a ativa tem uma pressão de aperto de mão. De qualquer forma, acho tudo balela de quem se acha neurocientista tático e matemático também. Haja paciência. Depois de tudo que falei até agora sobre situações estressoras geradas por competições ou necessidade de defesa, acredito que vocês já tenham a noção de o quanto seria difícil estabelecer um cálculo e colocá-lo em prática nessas circunstâncias. Acaba que essa distribuição é muito relativa e vai variar de pessoa para pessoa, de cada modelo de arma, do calibre e da velocidade imprimida na cadência dos disparos. São todos elementos que vão influenciar no aperto de sua empunhadura.

Eu utilizo a empunhadura[18] que já está bem difundida por atiradores do mundo todo, tanto no esporte, quanto na defesa com pistolas semi-automáticas: "polegares à frente" nome mais corriqueiro para a técnica que consiste em posicionar o polegar da sua mão reativa alinhado com o cano, acompanhando seu prolongamento.

Só que para que isso ocorra, os demais dedos criarão um ângulo de 45 graus em relação à linha do cano. Dependendo do tamanho da sua mão e da arma, você terá seu dedo indicador da mão reativa tocando no chassi do seu equipamento, que é o que faço. Já sua mão ativa vai segurar a arma o mais alto que você conseguir. Os três dedos que empunham a arma irão realizar uma força em conjunto, sem esquecer de ativar o dedo mindinho, que tem uma função primordial para o sucesso da sua empunhadura. Não podemos esquecer de manter o pulso da mão ativa firme e reto como se fosse realizar um soco em linha reta.

Veja as figuras a seguir:

---

18 Vídeo no YouTube no estande do CTT CBC. Favor desconsiderar muitas técnicas que aparecem no vídeo, pois muitas delas já não as utilizo mais, até porque contradizem as técnicas apresentadas aqui no livro. Coloque uma coisa em sua mente: se treinamos e estudamos para sermos melhores a cada dia, um vídeo de tantos anos atrás tem que mostrar o quanto você evoluiu. Rindo horrores de como eu era desengonçado! Disponível em: <https://youtu.be/cXuPqqXkCwE?si=5r8xfrbX85Jqu84q>

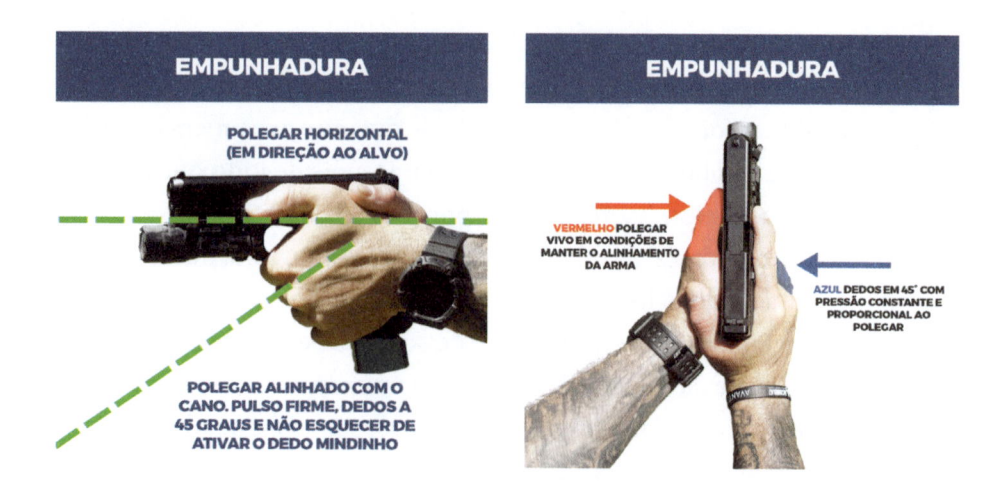

Todo esse esforço é para diminuir ao máximo a variação da boca do cano da arma, ou seja, o quanto ela sobe com o disparo. Esse ângulo formado influenciará no tempo de retorno da arma para a sua posição inicial (*muzzle flip*).

Em resumo, siga as 6 dicas abaixo:

- Dica 1: Postura;
- Dica 2: Pulso firme e reto;
- Dica 3: Mãos altas;
- Dica 4: Polegares à frente;
- Dica 5: Pressão correta da mão ativa;
- Dica 6: Pressão correta da mão reativa e polegar firme.

Veja as imagens:

8
A ARMA E SUAS MANIPULAÇÕES

Neste capítulo tratarei com vocês a forma como encaro as principais manipulações feitas com a arma e seus carregadores, simplificando e encurtando movimentos, mantendo a prioridade em cima da assertividade e não apenas na velocidade. Nem sempre ser o mais veloz significa acertar, principalmente quando você não detém o domínio completo da situação. Lembrem-se: você pode combinar com todos, menos com o marginal.

Além de buscar uma técnica que funcione em qualquer condição, procuro não envolver procedimentos que dependam de uma avaliação visual, para que eu pense primeiro em uma solução e, somente depois, ache a resposta para aplicá-la; eu quero o contrário, quero o automático. A única coisa que vai servir de *input* para que eu entre com uma medida corretiva, por exemplo, é uma nega de gatilho, ou seja, eu disparei e nada ocorreu. Sem estampido, sem recuo e sem tiro. Assim como o motorista, de forma inconsciente, avança o pé para o pedal do freio ao ser estimulado visualmente pela luz vermelha da lanterna do carro da frente, o(a) atirador(a) entra com sua primeira medida corretiva. Um tapa na base do carregador, seguido de um ataque ao ferrolho. Esta técnica foi desenvolvida pelos *Marines* (fuzileiros navais americanos), e é conhecida como *Tap Rack Bang*.

Com esta primeira medida, quando falamos em panes (mau funcionamento) sanáveis durante um confronto armado, o(a) atirador(a) corrige todas, exceto duas: pane seca (sem munição) ou dupla alimentação. Em se tratando dessas duas infelizes opções, o ferrolho permanecerá inerte. O(a) atirador(a) realizará o golpe, e ele não fechará. Sem pensar, posso a partir desse segundo estímulo, que é manobrar um ferrolho e o mesmo não se mover, arrancar o carregador e inserir um novo.

Percebam que estou falando de duas medidas pré-ordenadas (programadas em seu cérebro) e sequenciais. Quando e se a primeira falhar, parto imediatamente para a segunda etapa. Não vejo e não penso, apenas reajo intuitivamente ao treino condicionado e automático para uma nega de gatilho e a um ferrolho morto.

Já ouviu falar em TAI (Táticas ou Técnicas de Ações Imediatas)? É um termo muito utilizado nas forças armadas, principalmente no que tange a manobras de combate em patrulhas. Em determinadas movimentações, a patrulha irá se comportar imediatamente em resposta à ação do inimigo e somente depois irá realizar uma análise em busca de uma alternativa melhor. Exemplo: Uma patrulha em deslocamento é alvejada. O primeiro passo é buscar abrigo e, somente depois, tentar identificar a origem do disparo. Caso tentassem identificar a origem ainda expostos, o(a) atirador(a) inimigo tem a chance de corrigir e melhorar seu disparo. O tapa, o golpe e o disparo então nada mais são do que uma TAI voltada para o funcionamento da sua arma. Estamos falando de probabilidades em razão do tempo que você possui em um confronto armado e franco, onde a distância e abrigos não estão a seu favor.

É lógico que se você estiver abrigado, em condição confortável e com apoio, o tempo está a seu favor. Se este for o caso, olhe para a arma, identifique o problema e aplique a medida corretiva desejada com toda calma do mundo.

- ***Ergonomia do movimento e matrizes motoras***
Quando buscamos velocidade e precisão de movimentos, não tem nada melhor do que fazê-los da forma mais natural possível. O que recomendo é seguir os ângulos articulares mais confortáveis do nosso esqueleto para a realização da técnica pretendida. Todo movimento que exija de você

muito contorcionismo, por não ser natural, vai demandar mais atenção e foco no momento de sua execução, prejudicando assim sua percepção de cenário.

A ergonomia física é parte da ciência que estuda a relação entre as suas atividades físicas realizadas no dia a dia e a sua anatomia, fisiologia, biomecânica e antropometria. Por isso, é tão relevante para quem executa movimentos repetitivos. Esta ciência ainda analisa se a movimentação para manipular determinado objeto é eficaz ou prejudicial à saúde, causando distúrbios musculoesqueléticos. Partindo desses princípios, todas as técnicas que executo têm relação direta com a ergonomia física do movimento, e para que isso ocorra perfeitamente, os meus equipamentos devem ser preparados para oferecer os melhores ângulos de ataque possíveis. Atletas de alta performance de IPSC adotam, inclusive, porta-carregadores que podem variar a posição do carregador, oferecendo o melhor ângulo para o(a) atirador(a).

No universo da defesa, nem sempre isso será possível, visto a necessidade da retenção passiva ou ativa dos equipamentos, padronização de uniformes e a forma como os equipamentos estarão dispostos ao longo do corpo para que não prejudiquem alguma movimentação tática individual ou em equipe. Tanto para o esporte como para a defesa, a busca por atingir a excelência, segurança e conforto é interminável, então saiba que a evolução da técnica e de equipamentos irá acompanhar sua carreira daqui pra frente. Agora que já sabe a base, posso falar sobre o ataque ao ferrolho.

- ***Manobras de ferrolho***

O polegar da mão reativa aponta para a frente ou para trás no momento do arranque? É indiscutível que a puxada desse ferrolho com o polegar voltado para a frente será mais veloz, e não é à toa que os atiradores esportivos — que estão em constante briga com o relógio — a adotam. Nas modalidades que permitem alterações no equipamento, os atiradores ainda colocam uma alavanca para otimizar o movimento.

Veja as fotos a seguir:

NO ESPORTE E NA DEFESA

Polegar para a frente.

A questão é que quando o(a) atirador(a) precisar manobrar esse ferrolho com a arma mais próxima do corpo, ou em outras posições, irá perder força na execução do movimento. Repare nas imagens abaixo, quanto mais próximo do corpo estiver a arma, mais acentuada será a quebra do pulso da mão reativa em um angulo de 90º.

Arranque afastado do corpo e pulso reto.

A ARMA E SUAS MANIPULAÇÕES

Arranque próximo ao corpo e pulso quebrado.

Onde está o problema? É que não podemos ter duas formas de manobrar esse ferrolho (uma deve ser utilizada para as pistas de tiro e outra para me defender em situações de combate aproximado). Já falamos sobre o ser que se repete! Esse entendimento é o principal motivo para se atacar o ferrolho. Porém, existem outras observações a serem feitas como: pouca área de contato, que resultará em menos atrito, ferrolho molhado ou sujo de sangue, além da força exercida por apenas dois dedos. De qual lei estamos falando mesmo? Veja a imagem do ataque do ferrolho com o polegar voltado para trás.

O que busco, meus irmãos e irmãs, é fazer um movimento que sirva para o maior número de opções possíveis. Bom, se já defini que manobrarei meu ferrolho com polegar para trás e posso adotar esse mesmo movimento para fechá-lo, por que fechar o ferrolho atacando o retém do ferrolho? A resposta de alguns será:

— Para ser mais rápido, Combate!

Então eu te questiono: quanto mais rápido? Você quer ter mais de uma opção? De qual lei estamos falando mesmo? Sem contar ter que achar essa tecla pequena em condições estressoras. Enfim, confie em mim que você vai perceber que tudo se resume a atacar ferrolho!

- ***Tapas e inserção de carregadores***

O primeiro passo do processo *Tap Rack Bang* é o tapa na base do carregador. Tal medida é justamente para se certificar de que não há problemas ou corrigir uma falha de trancamento do carregador. Imagine que o mau funcionamento da sua arma é justamente porque o carregador está solto; portanto, nada adiantará manobrar o ferrolho, a munição não chegará a câmara. Então, sabendo que pode ser um carregador mal trancado ou uma munição defeituosa, o(a) atirador(a) bate na base e logo em seguida manobra o ferrolho. Com uma única ação, resolve esses dois possíveis problemas e, de quebra, soluciona uma chaminé.

A melhor forma de executar esses movimentos é com os braços próximos ao corpo. Ao colar os braços em meu tórax — leia-se cotovelos próximos às costelas —, o meu trabalho será realizado de forma mais precisa e veloz, justamente por aumentar a minha estabilidade e as mãos ficarem mais próximas dos olhos. Já reparou como profissões que exigem precisão dos movimentos das mãos como, por exemplo, o cirurgião e a costureira, trabalham com as mãos próximas ao corpo formando um bloco único e perto dos olhos? Por essa razão, foi estabelecido o nome de "área de trabalho" para o local onde serão realizadas as manipulações dos seus equipamentos. Faça um teste. Experimente pegar um peso e caminhar com o braço estendido e, em seguida, refaça a experiência com o braço recolhido e próximo ao corpo. Depois, analise em qual condição sua mão oscilou mais.

A área de trabalho e o tapa.

Outra dica que deixarei para você é alternar o foco na hora de encaixar o carregador na arma. Em razão da arma estar na área de trabalho, ou seja, na altura dos olhos, você pode manter os olhos no dispositivo enquanto encaixa o carregador em seu receptáculo, sem perder o que estará ocorrendo no teatro de operações. Logo em seguida, olhe para a frente novamente. Essa alternância de focos lhe dá uma boa vantagem em manter a manutenção do funcionamento da arma bem como do cenário.

Veja as fotos e faça o teste.

Alternância de focos para o encaixe efetivo do carregador.

— Andrade, por que você está tratando o tapa na base junto como a inserção do carregador?

Por uma razão bem simples. Após analisar o passo a passo dos dois movimentos, percebi que, depois de encaixar a ponta do carregador em seu receptáculo, a continuidade do movimento e o vetor da força empregada para trancar o carregador são os mesmos que do próprio tapa. Com isso, cheguei à conclusão de que as matrizes motoras dos movimentos são idênticas.

Agora vou entrar no tema que foi um grande insight que tive após anos ensinando esse protocolo:

- **O movimento é cíclico**

Como já devem ter percebido, gosto de simplificar as coisas e procurar fazer o mínimo possível. Busco seguir fielmente as leis que citei aqui neste livro e **não negocio princípios**. Cheguei à conclusão de que o final do processo de um encaixe de carregadores possui a mesma matriz motora de um tapa na base de um carregador, sugerido pela técnica do **tapa golpe**. Geralmente a pergunta que surge é:

— Devo arrancar o carregador vazio e recarregar?

Pensemos. Considerando que após recarregar (colocar um novo carregador), fechar a arma é uma ação subsequente e obrigatória, já entendemos que deve ser feita pelo ataque ao ferrolho. Então, posso encarar e verbalizar de outra forma:

Arranca o carregador e tapa golpe!

Sendo assim, passo a orbitar em um ciclo interminável de tapas e golpes, no qual toda vez que meu gatilho "falhar", realizo de forma imediata um tapa e um golpe. Caso meu ferrolho permaneça aberto, eu já arranco esse carregador, resetando a arma por completo, e entro com um "novo" tapa golpe (entenda "novo" = "carregador").

- *Panes e mal funcionamentos*

Vou priorizar a simplicidade e falar apenas das panes sanáveis em um confronto armado, ou em uma pista de tiro esportivo. Afinal, qualquer outra natureza de pane dependerá de muito tempo ou de ferramentas. Vamos a elas:

1. Carregador mal inserido;
2. Falha na munição;
3. Chaminés;
4. Dupla alimentação;
5. Pane seca.

As opções de 1 a 3 serão resolvidas no tapa golpe, e as 4 e 5, arrancando o carregador e entrando com um tapa golpe. Você pode perguntar:

— Combate, por que arrancar o carregador na pane seca se posso deixá-lo cair pela gravidade enquanto saco um novo carregador ao mesmo tempo?

Porque é muito mais rápido! Pensa: se for uma pane de dupla alimentação, esse carregador não vai sair e você terá que olhar para ver o que está acontecendo. Quem olha quer ver, quem vê quer entender... tem tempo?

Sabe o que tem de pior em um confronto armado franco? Fazer algo que dá errado enquanto estão atirando em você. Não é nada agradável. Tempo reduzido, perda da performance e falsa percepção espaço-temporal são uma combinação explosiva para fazer com que você *cole as placas*.

Procure fazer coisas em que você **não** pense, que envolvam o mínimo do seu cognitivo possível e que o procedimento funcione sempre.

— Combate, meu carregador não possui área de contato para que eu possa puxá-lo. Como faço?

— Arrume um, ou use outra técnica!

Veja a sequência de imagens a seguir:

Comparação entre um tapa e a inserção do carregador.

- **Saque**

Se alguém me perguntasse quais procedimentos com armas de fogo considero mais importantes, arriscaria dizer que o saque figura entre os três primeiros lugares. Seja no esporte ou na defesa, a apresentação da arma ao alvo precede ao tiro, e o ponto de partida é o coldre. O sucesso dos primeiros disparos está diretamente ligado a um bom saque. É a partir dele que o(a) atirador(a) terá seu primeiro contato com arma. Ao atacar o punho da arma, o(a) atirador(a) deve ter a certeza de que sua empunhadura está bem-vestida, sem necessidade de qualquer ajuste para disparar, mesmo quando se trata da empunhadura simples. Em resumo, a arma somente abandona o coldre com a mão pronta.

Em situações em que o tempo é um fator primordial, a qualidade do seu saque contribuirá para que você tenha um bom desempenho. O sucesso dessa ação depende da sua capacidade de isolar as habilidades motoras que compõem o seu saque. Tendo cada etapa bem definida, priorize treinar as partes nas quais você apresenta maior dificuldade e, somente depois, faça o que tem mais facilidade. É comum que cada pessoa tenha uma percepção diferente de quantas etapas ela executa até chegar com a arma apontada para o alvo. Porém, o que realmente importa é a definição de cada movimento percebido ou sentido durante a execução do saque. Particularmente, a fase em que me encontro faz com que meu saque tenha 3 etapas bem definidas:

1. Destravar o coldre, mão reativa no plexo e vestir o punho da arma;
2. Arrancar a arma do coldre e alinhar cano/alvo;
3. Construção dupla empunhadura e apresentação.

Mas repare em uma coisa: se você tem dificuldade de unir as mãos e alcançar a dupla empunhadura perfeita, isso significa que ainda tem que direcionar sua atenção para essa etapa para que ela ocorra de maneira correta. Hoje, estou com as 3 etapas porque não me preocupo mais com a construção da minha empunhadura. Na medida em que automatizo determinados movimentos, consigo incorporá-los a outros, como é o item 3, por exemplo, no qual não vejo mais dois movimentos. Talvez três etapas para um saque seja o mínimo que possamos isolar.

Outro detalhe importante é que você deve definir um caminho. Pense numa trilha na montanha. Ninguém chega ao topo e retorna rolando pelo barranco — a maioria, pelo menos. Logo, o caminho que se faz para chegar com essa arma apontada para o alvo será o mesmo adotado para retornar com ela até o coldre. Analisa comigo: quem faz dez saques por dia seguindo o mesmo caminho de idas e voltas realizou vinte movimentos de saque, não acha? Lembra o que falei sobre matrizes motoras? Nosso cérebro não distingue o que é real do imaginário, portanto, para ele não importa se está indo ou voltando, e sim que o desenho do movimento é o mesmo.

E quanto a cavar e pescar durante o saque? Foque em levar essa arma até o alvo em linha reta como se estivesse empunhando uma lança. Procure ser econômico e faça movimentos simples. Evite usar os ombros, movimente somente os braços. Quanto mais tensão você tiver em seus ombros, mais lento será seu saque. Muitas pessoas questionam o real motivo de se colar a mão reativa no peito (plexo). Vamos as vantagens:

1. Segurança;
2. Tronco estável e em bloco;
3. Velocidade;
4. Posição da mão idêntica no caso da limpeza de área no saque velado.

Etapas do saque.

- *Recarga tática*

Durante o período em que estive correndo nas pistas de IPSC (International Pratical Shooting Confederation), nunca percebi um(a) atleta aplicar esse tipo de recarga, talvez por não ter aplicabilidade tática durante as provas. Já no meio policial ou de defesa, essa técnica é muito utilizada. Vamos entender o porquê do seu uso.

Considerando que você está em um confronto armado, tem munições no carregador — sem saber a quantidade —, quer mudar de abrigo, de posição ou até mesmo coldrear sua arma e o faz nas condições que está. Aí eu te pergunto: se aparecer uma nova ameaça? Piorando a situação: você só tem a munição da câmara. Pronto! Entrou em uma pane, tendo que resolver diante de uma ou mais ameaças. Isso não vai ser bom.

Lembra do protocolo WYATT na fase TAC-LOAD? É exatamente disso que estamos falando: arma em condições sempre! Após realizar o seu escaneamento em busca de novas ameaças, e tendo um ambiente seguro e abrigado, inicie o procedimento de troca de carregadores. Lembre-se de que nas pistas de IPSC esse carregador vai para o chão, mas na situação de confronto, isso não pode ser feito porque você pode precisar das munições que ainda restam no carregador. Vamos ao passo a passo:

1. Ataque ao carregador reserva;
2. Retire o carregador da arma formando um H com os dois carregadores;
3. Tapa com o carregador novo;
4. Carregador usado vai para o bolso ou bornal.

— Combate, posso retirar o carregador da arma primeiro?

Não, porque você vai estar guardando esse carregador e terá somente a munição da câmara. E se aparecer alguma coisa? Estando com o novo na mão, você pode continuar de empunhadura simples. E se eu já estiver iniciado a troca? Termine e continue de empunhadura simples e depois guarde. E se… não saia de casa, pois os "se" são intermináveis.

NO ESPORTE E NA DEFESA

9
EXERCÍCIO DE OURO

Batizei esse exercício com este nome por entender que é o treinamento perfeito para desenvolver as habilidades essenciais para uma condução segura e eficaz de seu equipamento. Como já foi dito anteriormente, procure isolar as habilidade para otimizar os seus avanços. Aqui você tem a oportunidade de treinar todas as valências em um único bloco de exercícios, e o mais legal é que não precisará de muito espaço e nem de muitos equipamentos.

— Combate, o que preciso para realizar este treino?

Pouca coisa: a sua arma com dois carregadores vazios, seu coldre, um alvo miniatura e o *timer shot*.

— Qual é a dinâmica, Combate?

Insira um carregador vazio na sua arma e a deixe coldreada. Mantenha o outro carregador no porta-carregador. Ao som do *timer*, realize um saque e engaje o alvo, dando um disparo em seco. Como a arma vai lhe oferecer uma pane, bata imediatamente no carregador e realize um golpe no ferrolho. Esse ferrolho não vai fechar, sinalizando para você a segunda ação a ser realizada. Arranque esse carregador e, com o novo carregador, dê um tapa e um golpe. O ferrolho, novamente, não vai fechar.

O que se faz quando o ferrolho permanece aberto? Arranque e, com um carregador imaginário nas mãos, efetue mais um tapa e um golpe. Só que agora esse ferrolho fecha, sinalizando para você que a arma está pronta para disparar. Efetue o disparo e faça sua busca por novas ameaças. Feito o ciclo completo, coldreie sua arma de forma suave e com a sensação de ter vencido seu embate.

Exercitamos a falha na simulação, porém, se você entrar no evento acreditando ser real o confronto desde o início, além de treinar a repetição das manobras motoras, estará treinando sua mente para lutar até o final. Lembre-se de que não treinamos somente o corpo, mas também a mente para nos mantermos ativos e agressivos até ao final. Nesse momento, estamos tratando do nosso ímpeto de vencedor.

Vamos ao tempo de execução da tarefa. Sugiro que inicie com 15 segundos para a execução completa do ciclo. Entenda o fechamento como sendo o último disparo. À medida que for dominando os movimentos, comece a diminuir o tempo. Um excelente resultado é você orbitar entre 6 a 8 segundos. É importante lembrar que tem que envolver emoções durante todo o exercício. No tempo mais alto, você será capaz de sentir a empunhadura, no sentido do toque mesmo: a sensação de tocar no cabo da arma, depois de sentir a união das duas mãos e por aí vai. Se não fizer dessa forma, você não vai evoluir a ponto de construir seus movimentos cinestésicos.

— Como eu sei que estou indo mais rápido do que eu posso?

Simples! Erros além da conta e tremores nas mãos durante a execução dos movimentos indicam que você está indo rápido demais.

10
HABILIDADES CORRELATAS

Quando falo em habilidades correlatas, me refiro a todas as valências que você pode e deve praticar para atingir os melhores índices na atividade principal. Vou usar um exemplo bem tosco para ajudar no entendimento: um jogador de futebol profissional usa como distração o futvôlei para relaxar. Acontece que nessa brincadeira ele está trabalhando técnicas de domínio de bola e fundamentos, como o passe. Atividades acessórias que orbitam a principal elevarão você para um outro nível de atirador(a).

Um bom condicionamento físico é uma valência essencial para quem atira no esporte e na defesa, uma vez que exige do(a) atirador(a) movimentos corporais explosivos, como corridas de curta e média distância, além de movimentações corporais em direções variadas. Uma boa mobilidade é essencial, pois nem sempre o(a) atirador(a) vai estar de pé e em condições favoráveis. Os alvos talvez apareçam mais baixos ou atrás de algum anteparo, e a postura adequada pode ser agachada ou ajoelhada, além de surgir a necessidade de mudar de posição muito rápido. A mudança brusca de postura e direção é uma combinação perfeita para atrair algumas lesões.

Uma coisa que aprendi quando estava à frente do Grupamento de Intervenções Táticas do Rio de Janeiro, da Policia Penal, é que para você estimular alguém que não gosta de realizar atividades físicas, por exemplo, basta colocar aquilo que ele(a) mais gosta de fazer durante a execução dos exercícios físicos. No caso em tela, os operadores gostam de atividades mais táticas em equipes e que envolvam o uso de equipamentos, e, sempre que possível, com desafios individuais e em equipe.

O que um(a) atirador(a) mais gosta de fazer é atirar ou estar com a arma na mão realizando suas manipulações. Se você pedir somente para que ele(a) corra e agache de um lado para o outro por um determinado tempo, dificilmente ele(a) o fará. Porém, se tiver que sacar e recarregar entre um ponto e outro, ele(a) já vai ficar animado(a). Digo mais, se for estipulado um tempo limite de execução para a recarga, ele(a) vai até esquecer que estava treinando agachamentos com lanços e corrida. Uma dica de exercício são os elásticos, por exemplo. Eles são muito eficientes para melhorar seu desempenho de força e velocidade no saque. Basta você conectar um elástico nos seus punhos e prendê-los no solo. Use a sua imaginação e vença seus limites.

Outro detalhe fundamental para quem conduz uma arma de fogo é ter noção de artes marciais. Saber se defender de possíveis ataques de socos e chutes, além de conseguir se desvencilhar de agarrões e quedas, faz parte do contexto da defesa pessoal. Nem sempre o uso de armas de fogo será o indicado sob a ótica do direito e devemos sempre respeitar o uso da força.

DESENVOLVENDO SUAS HABILIDADES

Preparei este capítulo com os exercícios que considero fundamentais para que você possa crescer no tiro. Vivendo o universo dos estandes por diversos anos, não só instruindo, mas também treinando, trago exercícios que pratico até os dias de hoje, principalmente quando quero melhorar minha performance. Na lista de práticas para empunhadura e gatilho, coloquei alguns testes para você se encontrar. Com os resultados obtidos, você terá como medir a sua progressão a cada programa de treinamento, e à medida que suas habilidades forem melhorando, novos erros surgirão durante suas séries de disparos. O mais importante disso tudo, é que esses exercícios oferecerão a você um norte para poder se autocorrigir, reconhecendo seus pontos fracos e fortes.

Vamos começar com pequenos testes:

A. DESCUBRA A VARIAÇÃO DO SEU CANO

Nesse exercício, você irá descobrir o quanto de pressão em sua empunhadura terá que exercer para que o focinho da arma varie o menos possível (*muzzle flip*), ou seja, o quanto de força você precisa fazer para a arma voltar para seu ponto inicial. Prepare um alvo a 5 m de distância e realize um disparo já engajado com verificação 2, ou seja, alinhamento perfeito do sistema de miras.

Após realizar o disparo, não retorne com a arma para o ponto inicial. Com a arma parada onde estava, realize um segundo disparo. O seu segundo tiro pegou mais alto que o primeiro, logo essa distância entre os dois impactos é a medida que você está procurando. Essa distância é a variação que sua empunhadura oferece. Repita esse teste algumas vezes para que possa ter a certeza do quanto de pressão na mão você deve fazer para que sua arma se mova o mínimo necessário.

Feito isso, comece a praticar o retorno ao ponto de mira original para que o segundo tiro pegue em cima do primeiro. Depois que estiver certo do que está fazendo, tire uma média do tempo de 6 repetições. Use seu *timer shot* para medir o tempo. Esse valor é a sua zona de base para iniciar o seu treinamento. Tente ir diminuindo o tempo de intervalo entre os dois disparos até que consiga fazer o mais rápido que puder. A ideia é você perceber que não precisamos de muita força nas mãos para fazer com que o cano da arma apresente pouca variação, e o retorno ao ponto de mira deve ocorrer de forma natural sem que você empurre a arma para baixo. O controle demasiado do recuo, assim como uma gestão acentuada do recuo, levará seus tiros a uma variação para o alto ou para baixo. Lembrando que esse exercício tem como objetivo fazer você entender a gestão de recuo do seu equipamento.

B. TREINANDO SEU GATILHO

Sempre faço esse treino toda vez que quero isolar a habilidade de tracionar o gatilho. Vou apresentar a vocês três maneiras de praticá-lo partindo das posições mais usadas no dia a dia. Dominar o gatilho não é uma tarefa fácil e requer treinamento continuado, independentemente do nível em que você está. Este bloco de exercícios sempre deverá fazer parte das suas revisões de domínio dos seus fundamentos.

Assim como no exercício anterior, realize seis repetições de cada posição para que você tenha uma média do que é capaz de fazer. Vai ser a partir desse valor médio que montará a meta a ser atingida. De nada adianta eu estipular um valor sem conhecer suas capacidades, pois para alguns vai estar fácil demais, e para outros o tempo será muito apertado. Não se esqueça de que a compressão do tempo é uma valência que deteriora habilidades.

Durante a execução dos exercícios, fique atento ao comportamento das suas mãos, pois aí está o segredo do sucesso. Mãos muito tensas e com pressão além da conta vão gerar tremores, principalmente se sua mão ativa estiver com excesso de pressão. É uma situação que vai piorar quando somada à tentativa de ser cada vez mais veloz no gatilho, o que dificultará o isolamento do tendão do dedo usado, fazendo com que os demais tendões sejam acionados por simpatia. Quando isso tudo ocorre, a tendência é que você jogue seus tiros na mesma direção da contração do seu punho, e a única forma de isolar tal comportamento é aumentando a pressão da mão reativa.

Para realizar esse treino, você vai precisar de um alvo e um *timer shot*. Sugiro que comece com uma distância de 5 m e só a aumente à medida que evoluir no seu treinamento. A postura inicial é de pé, com o alvo engajado e verificação 2 do seu sistema de miras.

- **Posição 1**: com o dedo tocando na parede do seu gatilho (com a folga já tirada). Ao som do *timer*, realize um disparo.
- **Posição 2**: com o dedo tocando no gatilho (sem tirar a folga), nessa etapa você terá que administrar o curso da folga para poder ter um tiro perfeito. Ao som do *timer*, realize um disparo.
- **Posição 3**: com o dedo estendido ao longo do corpo da arma (fora do guarda-mato), nessa etapa você terá que administrar todo o processo de entrada no guarda-mato e respeitar o esmagamento correto do gatilho passando pela folga do seu curso. A dificuldade está em conseguir processar todas as etapas em um baixo tempo de execução da tarefa. Lembrando que aqui é a condição mais real e encontrada nas pistas e nas ruas. As demais posições são utilizadas para corrigir possíveis erros de tracionamento de gatilho, por se tratarem de posições isoladas.

Um tempo muito bom é o que orbita na faixa dos 0,25 segundos.

C. SUSTENTANDO SUA CADÊNCIA

Talvez a valência mais difícil de ser alcançada, dentro da atividade do tiro, seja fazer com que o(a) atirador(a) consiga manter uma velocidade/cadência considerável entre seus disparos sem que seu agrupamento de tiros abra demais. Ao longo do tempo, cheguei à conclusão de que a cadência tem a ver com a gestão do recuo da sua arma. Para cada velocidade, você terá que realizar uma gestão de recuo diferente, ou seja, quanto mais rápido for o seu ritmo, mais pressão nos pontos essenciais da sua empunhadura você terá que exercer.

Perceberam que usei a palavra "ritmo"? Exatamente isso! Nós adoramos ritmos, nos acostumamos muito rápido com eles. Possuímos uma máquina em nosso corpo que trabalha em um ritmo perfeito, e quando esse ritmo é alterado, começamos a apresentar problemas de saúde. Que máquina é essa? O coração! Quando passei a encarar e treinar minhas cadências de acordo com um ritmo previamente estipulado, consegui ter um aproveitamento absurdamente melhor.

Para cada ritmo/cadência/velocidade, eu descobri a distância média mais adequada de aplicação. É lógico que não posso usar a minha cadência mais veloz nas maiores distâncias. Uma boa forma de começar esse treino é utilizando quatro cadências básicas que conheci há muitos anos estudando algumas técnicas do atirador e veterano americano Travis Haley. Esse exercício faz parte do nosso módulo "Pistola de Combate" desde a primeira edição, pois funcionou muito bem fazendo com que meus índices melhorassem absurdamente. Nossos alunos também trazem um feedback muito bom não só durante o curso, mas também ao longo do desenvolvimento de suas carreiras.

Com o passar do tempo, esses ritmos básicos ficaram cada mais fáceis de serem realizados, e fiquei sem uma referência do que eu estava executando, principalmente na velocidade 4. Você não deve confundir o tempo marcado com o seu *timer shot* com o ritmo utilizado. É uma confusão comum, pois quanto mais rápido for seu ritmo, mais baixo será o seu tempo. No entanto, isso não é uma verdade absoluta. Veja só, você pode ter praticamente o mesmo tempo quebrando o ritmo, ou seja, pode ser mais lento(a); já nos demais disparos vai ser tão rápido a ponto de anular essa diferença. Você não foi constante, mas manteve o tempo. Se isso fosse uma nota musical, você

DESENVOLVENDO SUAS HABILIDADES

estragado a música, mas no nosso caso, essa quebra no ritmo gerada em razão de um tracionamento de um gatilho adiantado ou atrasado implica em uma gestão do recuo fora do momento adequado, levando seu tiro para fora do seu agrupamento.

Certa vez, estava explicando isso em uma turma, e um aluno, que é músico, me ensinou a usar uma ferramenta essencial para a manutenção de ritmos: o metrônomo. Vestiu como uma luva! Então passei a medir o meu ritmo, ou seja, minhas cadências de disparos de acordo com o tamanho do alvo e a distância envolvida. No metrônomo, o ritmo é medido por bpm (batidas por minuto), e assim consegui ser mais assertivo, sabendo que com 120 bpm eu consigo um agrupamento perfeito a uma distância de 10 m, por exemplo. Mas ainda ia aprender mais com uma outra aluna, que era atleta de corrida. Até conhecê-la, eu memorizava os ritmos, bem semelhantes a ritmos musicais, então quando estava no estande, ouvia mais um pouco e tentava replicá-los com minha sequência de 5 disparos. Vendo como eu fazia, ela passou um bizu que me ajudou demais:

— Combate, por que você não usa um fone de ouvidos por baixo do abafador? Os corredores usam esse tipo de aplicativo para não perder o ritmo das passadas em uma corrida.

Só tenho a agradecer a esses dois alunos por otimizarem esse exercício! Eles foram incríveis em suas considerações. Vamos a ele.

Você vai precisar de um alvo a 3 m de distância com referências circulares de 2 cm, 4,5 cm e 6 cm de diâmetro, seu celular com o metrônomo, fone de ouvidos e *timer shot*.

- **Ritmo 1:** você contará mentalmente 1001, 1002, 1003, 1004 e 1005 e, logo em seguida, realizará 5 disparos respeitando esse ritmo. Alvo de 2 cm.
- **Ritmo 2:** você contará mentalmente 1 e 2 e 3 e 4 e 5. Logo em seguida, dispare 5 vezes nesse ritmo. Alvo de 2 cm.
- **Ritmo 3:** você contará mentalmente 1, 2, 3, 4, 5 de forma lenta e sem intervalos. Em seguida, dispare 5 vezes nesse ritmo. Alvo de 4,5 cm.
- **Ritmo 4:** conte mentalmente e rápido 12345. Em seguida, dispare veloz respeitando essa cadência. Alvo de 6 cm.

É comum que nos primeiros ensaios você perca alguns tiros para fora do alvo, mas não desanime. Repita algumas vezes e marque seu tempo e o ritmo no metrônomo. Tire sua média e comece a treinar. Uma boa medida é que você mantenha um ritmo de treino com um aproveitamento de 70% da quantidade de disparos por ritmo. À medida que for evoluindo, você será capaz de criar seus índices para os 4 ritmos.

D. APRESENTANDO SUA ARMA

Esse exercício traduz de forma isolada a entrada da arma no alvo partindo da posição pronto alto. Com os olhos fixos no alvo e o dedo fora do gatilho, estenda seus braços. Ao final do movimento, o disparo deve acontecer. Para isso, durante o trajeto da arma até ao alvo, você já deve, durante o caminho, ir preparando seu gatilho. Use um alvo a 5 m com as três medidas de circunferência 2 cm, 4,5 cm e 6 cm. Sugiro que faça para o alvo pequeno um tempo de 4 segundos, no médio, um tempo de 3 segundos, e no alvo maior, um tempo de 2 segundos. Esses tempos são apenas uma referência para que você possa iniciar esse exercício. A ideia é ir diminuindo sempre que sua performance for aumentando.

Outra forma que gosto de treinar esse exercício é conjugando com o exercício de cadências somados a saneamento de panes. Vamos lá! Use 3 carregadores plenos e dispare somente no alvo de 6 cm. No acionamento do *timer*, comece com apenas um disparo na primeira apresentação. Na segunda apresentação, realize dois disparos; na terceira, três disparos; na quarta, quatro disparos; na quinta, cinco disparos. Depois volte para um disparo e dê seguimento na sequência até secar os três carregadores seguidos pela recarga imaginária. Lembre-se de que a cada série de disparos, você deve olhar e fazer seu cheque situacional antes de partir para mais uma sequência. Escolha o ritmo em que você não erre o alvo.

E. APRIMORANDO SEU SAQUE

Para a execução desse exercício, você precisará de um alvo a 5 m com as três referências circulares já conhecidas e um *timer shot*. Caso ainda tenha alguma dificuldade na execução do seu saque, treine as três fases de forma isolada e a frio antes de iniciar o treino quente — mão reativa ao peito, ao mesmo tempo que destrava o coldre e veste o punho da arma com sua mão ativa. Em seguida, arranque a arma do coldre e alinhe a arma com o alvo, deixando-a paralela ao solo, forme sua dupla empunhadura e apresente a arma ao alvo. Se reparou bem, quando chegamos à fase de apresentação da arma, estamos aplicando o que treinamos no exercício anterior.

Prepare seu *timer shot* para um *par time* de 6 segundos. Você irá escutar, nessa configuração, dois toques, sendo um de início e o outro de término dos 6 segundos. Você tem esse tempo exato para sacar e realizar um disparo na circunferência de 2 cm. Repita esse exercício em 5 segundos até conseguir fazer em 4 segundos sem errar o alvo. Quando alcançar essa meta, treine o saque em 3 segundos na bola de 4,5 cm. Refaça o exercício até que domine plenamente o movimento completo sem errar a bola. Passe então para o saque em 2 segundos na bola de 6 cm. A ideia é que, quando esses tempos começarem a ficar fáceis, você dificulte aumentando a distância para 6 m e 7 m. A partir de 7 até 10 m, treine na bola de 6 cm.

Outra ideia para nosso treino de saque é levar esse alvo até o máximo de 15 m para que você possa conjugar com o treino de ritmos. Prepare uma circunferência de 20 cm de diâmetro. Comece a 7 m e realize um saque com cinco disparos no centro da bola, no ritmo 1 e no tempo de 7 segundos. Esse é só o início. Continue no ritmo 1 em 6 segundos. No ritmo 1, a cadência é de um tiro por segundo em média. Logo, se você fizer em 6 segundos, levou 1 para sacar e 5 para disparar. A ideia é medir apenas a velocidade de entrada no alvo, ou seja, o seu primeiro disparo. O ritmo está sendo marcado pelo metrônomo. A briga aqui é diminuir o tempo do saque sem perder a qualidade de sua cadência. Vá aumentando a dificuldade apertando o ritmo e depois vá aumentando a distância.

F. TREINANDO PANES

O objetivo desse treino é tentar fazer as manipulações de saneamento de panes, que, como já discutimos, são as mesmas para uma recarga emergencial: no menor tempo possível, respeitando a precisão dos movimentos e dos impactos no alvo. Você pode iniciar trabalhando a 5 m com a circunferência de 4,5 cm. Sugiro que realize o exercício por seis repetições para que você tenha uma média de como você está. Esse tempo médio é para ser aferido sem que erre o alvo. Nem precisava falar, né? Pegue três carregadores com uma munição em cada. Ao som do *timer*, realize o saque e dispare na bola, e à medida que a arma for apresentando as panes, solucione-as até chegar no carregador imaginário. Trabalhe em cima do tempo médio aferido e treine para fazer cada vez mais rápido.

Outra forma de realizar esse tipo de treinamento é marcando um tempo no seu *par time* baseado em uma meta desafiadora, assim o objetivo passa a ser realizar o exercício antes que o *timer* toque pela segunda vez. Vá aumentando a dificuldade brincando não só com a distância até chegar na bola de 20 cm a 15 m, mas também inserindo mais munições de forma aleatória, ou seja, sem saber quantas munições têm em cada carregador. Você pode, inclusive, pedir a um(a) colega de treino para montar seus carregadores. Há a possibilidade também de fazer o uso de munições de manejo entre elas para que você realize o saneamento de pane, sem que seja o caso de um ferrolho aberto. O céu é o limite. Use a sua imaginação!

G. TREINANDO RECARGAS TÁTICAS

Para esse exercício, vamos focar na silhueta de 20 cm a uma distância de 10 m para começar. Vamos trabalhar em conjunto com a aplicação dos quatro ritmos. Deixe seu *par time* programado para 10 segundos e ajuste seu aparelho para que ele tenha um *delay* de 3 segundos para o primeiro toque.

Realize o saque e faça cinco disparos. Pare na posição de pronto alto e acione o *timer*. Enquanto você não ouve o primeiro toque, mova sua cabeça realizando seu *check* situacional. Ao som do bipe, você tem 10 segundos para fazer a sua troca tática, guardar o carregador que saiu da arma e retornar para o *check* situacional. Divirta-se aumentando a velocidade de seus ritmos e diminuindo o tempo para a realização da troca tática.

H. RÁPIDO E DEVAGAR

Prepare três alvos e distribua um a 7 m, outro a 15 m e o último a 25 m. Deixe uma distância lateral entre cada um de 1 metro. Comece efetuando dois disparos no alvo a 7 m, dois no alvo de 15 m e quatro no alvo de 25 m. A arma vai parar aberta ao final, então realize um tapa golpe, insira um novo carregador e volte com dois disparos no alvo de 25 m, dois no alvo de 15 m e quatro no alvo de 7 m. Faça sua recarga imaginária e efetue um disparo em seco no alvo de 7 m. Você terá que entrar para o treino com dois carregadores com oito tiros cada. Marque seu tempo e busque sempre reduzir com uma média de acertos de 70%. Se estiver perdendo mais do que isso, é sinal que deve reduzir a velocidade. É importante você identificar em que alvo está concentrando o maior número de erros, para que diminua a velocidade do alvo certo.

Altere o treinamento começando pelo alvo do fundo, invertendo a ordem de início. Outra forma é começar pelo alvo do meio, ir até o final e depois terminar pelo alvo de 7 m. Depois comece pelo meio, em seguida pegue o de 7 m e vá ao de 25 m. Lembre-se de seguir a ordem do segundo carregador correspondente ao caminho de ida do primeiro carregador. O bizu aqui é saber onde aplicar o disparo em que você reage ou prevê seu sistema de mira. Outra dica é a verificação adequada do sistema de miras. Você vai perceber que com o treinamento desse exercício, a sua verificação de foco visual vai ficar cada vez mais rápida, pois estará mais adaptado(a). Para o alvo que vai receber os quatro disparos, cuidado com o ritmo que vai adotar. Normalmente, o ritmo para o alvo de 25 m vai orbitar entre os ritmos 1 e 2 com verificação 2. Você também ganhará tempo no alvo de 7 m se não ficar mirando demais. Assim que alinhar seu corpo ao alvo, dispare. Para esse treino, utilize o alvo de circunferência de 20 cm.

Antes de iniciar o exercício completo, trace uma média para cada alvo. Saque e efetue dois disparos em cada um e saiba a sua média para enquadrar e disparar em cada distância. A partir desses dados, você terá uma noção do tempo que vai gastar para passar na pista completa. Se você chegou até aqui, já descobriu o tempo que leva para realizar um tapa golpe, inserir um carregador novo e realizar mais um disparo.

I. TRANSIÇÃO DE ALVOS

Prepare dois alvos a 5 m de distância e deixe-os separados com um intervalo de 2 m entre eles. Depois evolua, aumentando a distância e passando para alvos maiores. Você pode, inclusive, fazer esse exercício com três ou mais alvos. Tire sua média de tempo para a entrada e saída, e faça também a sua média para cada direção de saída; provavelmente você será mais rápido(a), sendo um(a) atirador(a) destro, quando sair da direita para a esquerda.

Vamos fazer um treino isolado das valências de entrada e saída no alvo. Entenda que quanto mais relaxado(a) você estiver, melhor será o seu desempenho. Mantenha os ombros baixos e relaxados, assim como a musculatura das suas costas. Excesso de tensão nessas áreas deixará você mais lento(a) e impreciso(a).

Como já dito antes, você acerta onde está olhando, logo, todo o exercício será guiado pelo seus olhos. Evite manter seu foco na mira e gaste sua energia focando sempre no alvo. Miras de fibra e de pontos luminosos que estejam bem destacadas vão trazer dificuldades para você se concentrar nele, pois durante o trajeto entre um alvo e outro, ela chamará a sua atenção.

Um bizu bem interessante é você entender que deve olhar exatamente para onde quer que a arma vá. É exatamente por essa razão que deve estar o(a) mais relaxado(a) possível, para que a arma deslize de forma suave até seu ponto de destino, cortando assim aqueles movimentos bruscos de parada. Outra dica que vou deixar para vocês é que tenha um movimento explosivo de saída e, quando chegar no meio da distância entre um alvo e outro, desacelere. Fazendo dessa forma, a sua chegada no próximo alvo vai ser mais sutil. Pense comigo: se você mantiver a aceleração de saída até que a arma esteja alinhada exatamente com o próximo alvo, o seu risco de passar dele é muito maior. Não é verdade! Além disso, você ainda precisará realizar uma freada brusca, o que automaticamente vai gerar um balanço demasiado.

Então, vamos aos exercícios:

- **Saindo:** mantenha o engajamento no alvo da esquerda. Ao ouvir o toque do *timer*, efetue um disparo e mova-se rapidamente para o alvo da direita. Na chegada deste, verifique visualmente suas miras no centro sem efetuar o disparo. Certifique-se de ter uma visão perfeita.
- **Entrando:** mantenha o engajamento no alvo da esquerda. Ao ouvir o toque do *timer*, olhe para o da direita, mova-se rapidamente e, na chegada, efetue um disparo.
- **Saindo e entrando:** mantenha o engajamento no alvo da esquerda. Ao ouvir o toque do *timer*, efetue um disparo e mova-se rapidamente para o da direita. Na chegada deste, verifique e certifique-se de ver suas miras no centro e efetue um disparo.

Depois de ter treinado saindo da esquerda, inverta a ordem de saída. Para evoluir o exercício, você pode treinar o balanço direto, ou seja, saia e entre sem interromper. Use dois carregadores plenos, sem interromper as transições. Recarregue ao acabar o primeiro carregador e continue. Uma forma de melhorar sua performance é treinando a frio as transições de alvos somente com os olhos. Espalhe alvos em miniatura na sua área de treinamento a frio e divirta-se viajando com os olhos entre os alvos. O importante é não arrastar a sua visão de um alvo para o outro, e sim focar a sua visão no alvo de saída e levar o seu foco imediatamente para o outro alvo, e assim sucessivamente.

Lembre-se sempre de que quem mira pequeno, erra pequeno. Então, procure um ponto dentro do alvo que está levando o seu foco, e não apenas a imagem do alvo como um todo. Depois de um tempo treinando somente com olhos, acrescente a arma no jogo e certifique-se de olhar e manter a sua visão no ponto do alvo no qual deseja acertar. O treino aqui é isolar a habilidade de mover os seus olhos para o local que você quer acertar.

Você pode realizar até fazer no seu *walk through*, antes de disparar de verdade na prova, ou até mesmo no seu treino a quente. Aqueça fazendo a frio somente com os olhos, depois insira a arma e, ao final, dispare aferindo aquilo que fez a frio. Assim, terá uma ideia do que corrigir no seu próximo treino a frio.

J. ATIRANDO DE EMPUNHADURA SIMPLES

Todo(a) atirador(a) deve dominar a habilidade de atirar com apenas uma das mãos — independentemente de ser destro(a) ou canhoto(a), você deve saber atirar com a mão ativa e reativa. É bem comum nas provas de tiro esportivo você encontrar pistas em que o(a) atirador(a) deve, inclusive, mudar de mão no meio do treinamento. Já no mundo da defesa, você pode estar com uma das mãos ferida e ter que dar continuidade na defesa da sua vida com apenas a boa, tendo, ainda, que fazer autoaplicações de torniquetes, por exemplo.

Durante a execução dos exercícios, fique atento ao comportamento da sua mão, uma vez que, por estar usando apenas uma delas, o seu desempenho e performance diminuem consideravelmente. É natural que ao acionar o gatilho, você mova, por simpatia, os demais tendões, e com isso acabe empurrando a arma para baixo. O que gosto de fazer é aproveitar a gestão do recuo para preparar o gatilho, e assim que arma voltar para o ponto de mira inicial, já disparar novamente. Para equilibrar a ausência da mão reativa, costumo pressionar mais o dedo mindinho como se fosse tocá-lo na palma da mão, e ainda elevo o polegar, tracionando-o para a direita quando estou atirando com a mão direita e vice-versa. Como digo nas minhas aulas: imagine que está estrangulando a retaguarda do ferrolho com o polegar. Isso funciona bastante. Um leve giro do braço levará você para uma zona mais confortável, sendo que o giro não deve ser muito acentuado, e pense sempre que o giro ocorre em direção ao seu coração, ou seja, para dentro.

Ofereço a você três posturas para disparar com uma das mãos:

- Mão reativa colada ao peito, ombro baixo;
- Mão reativa colada ao peito, ombro avançado com o queixo encaixado. Imagine uma grande linha reta partindo do seu queixo (queixo, ombro, braço, arma e alvo);
- Qualquer uma das posturas acima, mas agora avance o pé relativo à mão que está empunhando a arma.

Para realizar o exercício, você pode trabalhar com qualquer uma das configurações de alvos e/ou de distâncias apresentadas até agora. Trabalhe também a transição de alvos com apenas uma das mãos e lembre-se de treinar sempre as duas mãos. Descubra os ritmos ideais para a empunhadura simples, de acordo com o tamanho e a distância em que os alvos se apresentarem para você. Uma coisa é certa, não será possível manter as mesmas velocidades com que está acostumado a fazer com dupla empunhadura.

K. MARCANDO UM ALVO

Espalhe pelo menos cinco alvos no estande com distâncias aleatórias e variadas e numere-os. Você deve escolher e marcar um alvo. Saque e inicie a rodada com um disparo no alvo escolhido e vá para o número 1, depois volte ao alvo escolhido, e assim sucessivamente. Por exemplo: marcando o alvo 4, siga a ordem: 4, 1, 4, 2, 4, 3 e 4 trocando o carregador 5, 4. Tire sua média e divirta-se. A ideia aqui é aumentar a sua velocidade de saídas e entradas, trabalhar a sua capacidade de memorização e busca pelo alvo correto, além de aprimorar a performance de habilidades básicas de tiro.

L. MOVIMENTOS CORPORAIS

Existem diversas formas de mover nosso corpo durante as atividades de tiro, e a escolha, muitas das vezes, sofrerá a influência de alguma limitação física, por exemplo, ou até mesmo de uma adaptação individual que leva o(a) atirador(a) a se mover de forma mais estável e veloz do jeito dele(a). Sempre parto do princípio de que não existe propósito em você seguir determinada teoria somente porque dizem ser melhor, pois, desta forma, você acaba se tornando menos eficaz. Aqui vou deixar uma base para você começar a sua prática, mas experimente outras maneiras e escolha a sua de acordo com o seu desempenho.

- **_Corridas_**

Antes de detalhar a forma de arrancada que iremos utilizar, deixe eu esclarecer que os pés sempre apontarão para a direção que deseja ir, o que não tem nada a ver com a direção na qual deseja disparar. Pense como um carro blindado movido por esteiras e que tem a torre do canhão em cima. O carro vai em uma direção e dispara para os lados por exemplo. Logo, não há que se falar em correr de costas, pois além de te deixar mais lento(a), existe uma grande chance de você cair. Outro detalhe é que quem decide correr deve somente correr.

Vamos lá, para correr para a frente, a perna de impulsão será a de trás, para você romper a marcha e sair do repouso. Caso queira correr para a esquerda, quem vai te impulsionar será a perna da direita e vice-versa. Se você quiser correr para trás, vire seu quadril e corra normalmente como se fosse a corrida para a frente. Todo movimento que desejar fazer com o objetivo de correr mais rápido do que apresentar a sua arma ao alvo, faça com a mão reativa realizando os movimentos naturais de corrida. Em lanços curtos, em que vai precisar de mais velocidade, na apresentação da arma ao alvo, não desfaça a dupla empunhadura para correr, e fique atento para já chegar na base com a arma apresentada ao alvo e não erguer a mão só depois que já estiver parado. Isso deixará você mais lento(a).

Em situações de defesa, e principalmente em trabalhos em equipe, o cuidado com o controle de cano se torna imprescindível, portanto, atenção nas corridas de empunhadura fechada.

- **_Giros estacionários_**

O giro do tronco está diretamente ligado às mudanças de direções, e venho de uma época em que eram realizados por pivô, ou seja, mantendo um pé de base fincado ao solo. Porém, se analisarmos os movimentamos do dia a dia, naturalmente poderemos perceber que giramos nosso tronco realizando dois toques com os pés no solo. Até a postura que adotamos para descansar quando estamos de pé é colocando o peso em apenas uma das pernas. Faça o seguinte teste: fique de pé e apoie seu peso em apenas uma das pernas. Feito isso, agora mova seu corpo para outra direção e conte quantas vezes seus pés irão tocar ao solo. Se você fez certo, eles tocaram duas vezes o chão. Agora de forma bem simples, faça sua plataforma de tiro e gire da mesma maneira, só que agora coloque velocidade, mas não esqueça de tentar ser o mais natural possível. Simples, não é?

— Combate, e quanto à parada na base?

Existem diversos atiradores que a fazem de forma diferente. Eu, particularmente, foco no tiro da defesa, e isso pode ser um pouco diferente para o mundo esportivo. Como falei antes, há diversas formas de se chegar ao mesmo objetivo, eu escolho não cruzar as pernas para minha chegada na base ou possível abrigo. Tenho certeza de que isso me deixa um pouco mais lento, porém, dependendo da velocidade que eu empregar, essa vai ser a única forma para que eu não passe por dentro do abrigo escolhido. Quando me desloco para a frente, à medida que chego perto da base, vou batendo os calcanhares no solo, alterando meu ponto de equilíbrio um pouco para trás. Já quando o deslocamento é lateral, utilizo a perna da direção do meu deslocamento. Se o lanço foi para a direita, vai ser a perna direita a responsável por frear meu movimento.

Vamos ao exercício base para que você comece a sua correria. Cuidado com as normas de segurança, principalmente com o dedo fora da tecla do gatilho enquanto se movimenta. Você não deve quebrar o ângulo de apresentação dessa arma para além dos 180 graus à sua frente. Construa pistas que te obriguem a correr em todas as direções. Comece enumerando os alvos e coloque cones espalhados no terreno enumerados da mesma forma que os alvos. Por exemplo: alvos 1, 2 e 3 e um cone com os números 1, 2 e 3 que sinalizarão que você só pode disparar naqueles alvos referentes àqueles cones. Mova-se para os cones 4 e 5 e de lá atire nos alvos 4 e 5. Desta forma, vá criando a sua pista e os níveis de dificuldade. Nesse estágio, utilize alvos padrão de IPSC e vá em busca dos Alfas ou trabalhe com a circunferência de 20 cm. Sugiro que comece correndo para a frente e depois de um lado para o outro. Perceba que até agora estamos nos movendo somente em linha reta. Em seguida, insira os giros com as mudanças de direção.

M. TESTE DE HABILIDADES ESSENCIAIS ACOMBAT

Prepare três alvos com a circunferência de 20 cm a 7 m de distância do(a) atirador(a) e com intervalos de 2 m entre eles. Escolha a posição de início, sendo ela de frente para a direita ou esquerda. Ao som do *timer*, dispare dois tiros em cada alvo, começando pelo primeiro alvo que se apresentar para você. Recarregue e volte com mais dois disparos em cada alvo. Você precisará de dois carregadores com seis tiros cada e uma munição de manejo. Coloque a munição de manejo no meio do primeiro carregador. Apesar de você saber que existe essa munição, não deixe de apertar o gatilho para realizar o seu tapa golpe. Ao final do terceiro alvo, sua arma vai parar aberta, então não deixe de realizar o tapa golpe para poder arrancar o carregador. Se você entendeu tudo até agora, nem vai perder o tempo se perguntando o porquê de não se arrancar esse carregador direto — assim espero, pelo amor de Deus! O teste não pode ter falhas de procedimento e nem perder algum tiro do alvo estipulado. Os tempos bases com as devidas classificações são:

- **Recruta:** para qualquer erro de procedimento e acima de 25 segundos;
- **Combatente:** sem erros e dentro do tempo de 15 a 25 segundos;
- **Veterano:** sem erros e abaixo de 15 segundos.

Acredito que com esses exercícios você elevará seu tiro a um nível jamais alcançado. Até mesmo os(as) atiradores(as) mais experientes, se praticarem dessa forma, isolando cada habilidade, vão elevar a performance de maneira absurda. Os exercícios propostos foram adaptados por mim, tomando como base exercícios já existentes e desenvolvidos por atiradores renomados. As adaptações feitas foram criadas de acordo com a necessidade que tive para evoluir a minha performance. Alguns exercícios foram desenhados por mim ao longo da minha carreira. Aproveitem ao máximo, pois estou compartilhando com vocês o que levei anos construindo em estandes e treinos a frio em casa, assim como valores incontáveis de equipamentos e munições.

12
CONCLUSÃO

Concluo esta obra definindo-a como um grande manual para todos os atiradores, independentemente do nível e do objetivo almejado, seja pelo esporte ou pela defesa, pois aqui eu trato das habilidades necessárias para todos que lidam com armas de fogo no seu cotidiano. É obvio que o tema não se esgota somente nessas páginas, porém aqui está disposta uma base forte para que você possa construir o seu castelo.

Procurei trabalhar com você um pouco da mentalidade, não somente de um(a) vencedor(a), mas também de uma ordem combativa, para que possa se adaptar ao meio, superando, assim, seu adversário. De forma direta e bem objetiva ao melhor estilo ACOMBAT de se conduzir um treinamento, tratamos as técnicas de maneira bem simples e com um linguajar bem popular para que não reste dúvidas do caminho que você deve seguir.

Todos os tópicos aqui apresentados tiveram como base estudos científicos, os quais realizo incansavelmente em busca de respostas e técnicas que possam melhorar o desempenho do(a) atirador(a). Porém, muito do conhecimento aqui exposto tem anos de treinamentos dedicados à uma vida voltada exclusivamente ao universo do tiro, onde chegamos a um nível de excelência que nos conduz a pensar, analisar e testar novos movimentos em que nosso próprio corpo começa a buscar atalhos em busca de uma melhor eficiência.

Por um outro prisma, acrescento a cada movimento, seja técnico ou tático, testes reais em que os erros são pagos com vidas, lugares em que poucos podem, conseguem ou sequer têm o interesse de levar seus conhecimentos para serem postos à prova. Um local onde o que dispara um comportamento condicionado não é o *timer* do Ranger da sua prova ou o apito do seu instrutor, e sim o combate franco e real com balas passando ao lado do seu ouvido. O que fazer? Só existe um caminho! Avançar com as ferramentas que você treinou e se nenhuma delas funcionar, dê o seu jeito e crie uma na hora para que não saia de lá carregado.

O que está sendo compartilhado com você tem um valor agregado enorme, que significa para mim e minha família não só o tempo fora de casa para alcançar tal nível de conhecimento, mas horas a fio de exposição da minha vida ao perigo para que eu pudesse chegar a conclusões do porquê adotar ou não determinada técnica. Não só estudei, assisti a vídeos, li artigos, sigo como ator em uma guerrilha urbana, que atualmente só existe um lugar do mundo em que não esteja em guerra declarada: no estado do Rio de Janeiro, local onde tomei a decisão de viver e servir como policial.

A metodologia de treinamento ACOMBAT é única com base nos esforços apresentados e em experiências adquiridas trabalhando há mais de 20 anos com treinamento institucional e privado.

Com meus alunos, ao longo dos anos, pude aprender sobre erros e dúvidas recorrentes durante a prática do tiro, inclusive na esfera esportiva, onde tive o privilégio de poder treinar e aprender com uma galera fora da curva. Sempre digo para aqueles que estão iniciando na prática esportiva que devem passar pelas provas da IPSC, pois é lá que se separam os homens dos meninos.

A oportunidade de ter aprendido dessa forma faz com que hoje eu enxergue lá na frente o que está por vir, entregando a você a trilha que deve seguir sem que tenha que desbravar a mata para chegar ao destino final. Através do conhecimento e dos exercícios propostos, você vai ter encurtado um grande caminho, tempo e munição.

Seguimos atirando com força.

AVANTE NO REINO!

Impressão e Acabamento:
GEOGRÁFICA EDITORA LTDA.